西洋政治思想史

宇野重規［著］

はじめに

政治思想史に意味があるのか

本書は古代ギリシアにおけるデモクラシーの誕生から、自由主義や社会主義といった「——主義」（難しくいえば「イデオロギー」です）の諸思想が展開した 19 世紀までを対象とする政治思想史の教科書です（20 世紀も少しだけ扱います）。

政治思想史という以上、本の構成は歴史的順序に沿っています。つまり古い時代の話から始まって、読み進むにつれて新しい時代の話になっていきます。基本的には一人一人の思想家やその著作を対象としているので、最初から読んでいけば、大学の「西洋政治思想史」講義で扱われるような重要思想家について、一通り概観できるはずです。

とはいえ、いろいろな思想を歴史順に紹介することに、どれほどの意味があるのでしょうか。あるいは、みなさんは次のように思われるかもしれません。

「政治思想家というのは、政治について根源的な考察を行い、何かしらの政治的「真理」を発見した人のはずだ。しかし、「真理」というのは本来、歴史を超えて妥当するものではないか。そうだとしたら、ある時代に「真理」だったものが、別の時代には「真理」でなくなるということがあるのだろうか。もしそんなことがあるとすれば、それはそもそも「真理」ではなかったのだ」

このような考え方には、たしかに一理あります。実際、本書で扱う思想家の中にも、そのように考えた人がいます。政治をめぐる「真理」は数学的な真理と同じように、いついかなるときでも一義的に証明できるものであり、政治に残された課題はそれをいかに実

現するかだけである、というのです。

そうだとすれば、多様な政治思想家の考えを歴史順に検討していく本書など、まさに無用なものでしょう。「こんな考えもある、あんな考えもある」とだらだら説明されても、話がこんがらがってきて、読者は迷うばかりだからです。

これに対し、政治をめぐる本質的な事柄（真理）というのは、数学的証明のようなものではない、という考えもあります。政治は、具体的な時代状況や、社会背景があってはじめて意味をもちます。それゆえ、具体的な歴史の展開を抜きにして、政治を語ることなど不可能だと主張した思想家もいるのです。

さらにいえば、およそ人間や社会をめぐる真理は、歴史の過程を通じて実現すると主張したヘーゲル（☞第8章）のような思想家もいます。それぞれの時代の個人や集団は、目の前の課題をこなすだけで精一杯です。しかしながら、後から振り返れば、それぞれの行いは、必ず歴史的な意味をもっています。ヘーゲルが「ミネルヴァの梟は黄昏に飛び立つ」といったように、後になって意味がわかることもあるのです。

「自由」の発展としての歴史？

そのような意味でいえば、「政治思想史」という科目のあり方自体が、どちらかといえば、ヘーゲル的な思考法に近いのかもしれません。とはいえ、現代において、ヘーゲル的な歴史観が大きな挑戦にさらされていることも事実です。

たとえばヘーゲルは、人類の歴史を自由の発展としてとらえました。歴史を遡れば、一人の皇帝だけが自由で、あとの人は奴隷でしかない社会もあったでしょう。これに対し、古代ギリシアの都市国家（ポリスと呼ばれました）のように、その都市国家の市民の子として生まれたすべての成人男性に、等しく自由を認めた社会もあり

ました（一方，女性や奴隷には市民の資格が認められませんでした）。これを受けて，すべての人間の等しい自由の実現が，その後の歴史の課題となったというわけです。

　このようにヘーゲルの場合は「自由」がキーワードでしたが，同じように，歴史とは「デモクラシー」が実現していく過程だ，という理解もありうるでしょう（ここで「自由」とは何か，「デモクラシー」とは何かという疑問をもたれる方もいるでしょう。グッド・クエスチョンですが，それに答えるには，この本の全体を読んでもらう必要があります。もう少しだけガマンしてください）。

　さらにいえば，人間の理性が開花する過程，経済活動や産業が発展する過程として，人類の歴史を理解する人もいました（今もいるでしょう）。いずれにせよ，共通しているのは，「歴史とは，──が実現していく過程だ」という発想です。この「──」には何を入れてもかまいません。ともかく，歴史には何か，実現されるべき目標，あるいは理念のようなものがあるというわけです。

　しかしながら，歴史とはそういうものなのか，という疑問も当然にありえます。つまり，歴史というのは，本当に一つの目標や理念をもった「物語」として語ることができるのか，あらためて考える必要があります。

　「物語」を作ろうとすれば，当然，シナリオとキャスティングが大切です。話の筋が見えないと，読者は困ってしまいます。したがって，主要なストーリーラインにのらない話は，できるだけ除いておいた方がいいでしょう。だれが主人公で，だれが敵役で，だれが脇役かも考えないといけません。配役には限りがあるので，エキストラにさえなれない人も出てくるでしょう。しかし，人類の歴史というのは，本当にそういうものなのでしょうか。

　そもそも「自由」や「デモクラシー」といった理念が，かつてほ

はじめに　　iii

どは輝きをもたなくなっていることが問題なのかもしれません。「歴史とはデモクラシーが実現する過程なのだ」といっても,「デモクラシーって,そんなにいいものなのか」「デモクラシーなんて,あまりピンとこない」という人が増えているのです。

ヘーゲルのように,人類の歴史を一つの目標や理念へと向かう壮大な「物語」として描くことには,どうも抵抗がある。このような感覚こそが,現代という時代の一つの特徴なのです。

「グローバル・ヒストリー」時代の政治思想史

ヘーゲル的な歴史観には別の問題もあります。先ほどキャスティングといいましたが,人類の歴史にはその時代ごとに主役となる個人や民族がいるとヘーゲルは考えていました。

先ほどの「自由」の話でいえば,一人だけが自由だった時代の主役が「東洋的(オリエンタル)な」帝国であったとすれば,少数者が自由である時代を切り開いたのは古代ギリシアであり,その後,古代ギリシアの文明を継承したヨーロッパが歴史の主役になった,というわけです。

このようなヘーゲルの配役には,現代ではあちこちから批判の声があがっています。まず「東洋的(オリエンタル)」という概念ですが,「東洋的専制(オリエンタル・デスポティズム)」などという言葉がしばしば使われるように,「東洋」＝専制,「西洋」＝自由という二項対立的な考え方が,ここでは前提にされています。しかしながら,そもそも「東洋的」とは何かということを含めて,現在ではこのような理解に対しては批判が多数寄せられています。

また,古代ギリシアの文明がヨーロッパに継承され,そのヨーロッパが人類史の主役となったという歴史観に対しても,「ちょっと待って」という声が少なくありません。

もちろん古代ギリシアやローマの文明が,その後の人類の歴史に大きな影響を与えたことは間違いありません。とはいえ,このよう

な古代文明を継承したという視点からいえば，重要なのはむしろイスラム圏のはずです。ヨーロッパはかなり後の時代になって，イスラム圏から古代文明を学び直したことは間違いありません。この点が，ヘーゲル的な歴史観からはすっぽりと抜け落ちているのです。

中国文明の理解についても問題があります。現在の歴史研究が明らかにしているように，近代ヨーロッパは中国からの影響を受け続けました。にもかかわらず，ヘーゲルの歴史観においては，中国文明は「東洋的帝国」とひとくくりにされるだけです。

現在，「グローバル・ヒストリー」ということがよくいわれます。これまで「歴史」というと，現在の国境を枠組みにして編集された各国史が一般的でしたが，そのような枠を取り払ってみる必要があるのではないかというのです。古代ギリシアを直線的に近代ヨーロッパと結び付けて，これを歴史の本流(メインストリーム)とする歴史観も見直しの対象です。

政治思想史もまた，見直しを免れません。これまでの政治思想史研究が，ヨーロッパ中心史観の影響の下に発展してきたことは事実です。はたして，21世紀にふさわしい政治思想史は可能なのでしょうか。

「政治的人文主義」と「共和主義」

本書は，以上のような時代の要請に応えることを課題として編まれています。もちろん，容易な課題ではありません。本当の意味での「21世紀の政治思想史」は，まだまだこれからといわざるをえません。

本書では以下のような方針を採用しています。

第一の方針は，現在の政治思想史研究で活発に論じられている「政治的人文主義」や「共和主義」という考え方を導入することです。それぞれの概念については，後ほど詳しく論じることにします

が，重要なのは読むことの重視です。

　政治思想史においては，「古典(クラシック)」と呼ばれる一連の書物があります。この場合の「古典」とは，単に「古い本」という意味ではありません。そうではなく，「時代を超えて読み継がれ，つねに参照され続けた書物」こそが，真の意味での「古典」です。

　この意味でいえば，政治思想史とは，「古典」が読み継がれてきた歴史です。本書で扱うどの思想家も，自分なりに「古典」を選び，それを深く読み込むことで自らの思想を形成しました。いわば，「古典」を読み，そこで得られた視座や思考法をもって，自らの目の前にある現実に取り組もうとしたのです。そしてそのような彼ら，彼女らの著作が新たな「古典」となっていきました。

　「人文主義(ヒューマニズム)」とは本来，このような「古典」を読み解く知的営みの伝統を指しますが，「政治的人文主義(シヴィック・ヒューマニズム)」とはとくに政治に焦点を置くものです。そこでは，すでに指摘したように，古代ギリシアやローマがきわめて重要な位置を占めました。

　この場合，「自由」や「デモクラシー」といった概念を生み出した古代ギリシアが重視されるのはもちろんですが，ローマの重要性もこれに劣りません。とくに共和政(リパブリック)時代（後ほど詳述します）のローマがもった権威には巨大なものがあり，そこで強調された「公共の利益」という理念を継承する知的潮流は，しばしば「共和主義(リパブリカニズム)」と呼ばれます。

　現在，「政治的人文主義」や「共和主義」に関して，多くの研究書が公刊されており，本書はその成果をなるべく取り込むようにしています。その理由は，政治思想史を直ちに「自由」や「デモクラシー」の発展の歴史として決め付けるのではなく，むしろ具体的な「古典」がいかに読み継がれてきたかを重視するためです。

ヨーロッパの「地域性」

第二の方針は，すでに述べたように，グローバル・ヒストリーの時代にふさわしい政治思想史を構想することです。とはいえ，目次を見ていただければわかるように，本書の叙述もまた古代ギリシアから始まっており，中世ヨーロッパを経て，近代ヨーロッパへと向かいます（アメリカも扱います）。「どこが新しいのか！」とお叱りを受けることも覚悟しています。

しかし，このことは古代ギリシアから近代ヨーロッパへの発展を直線的にとらえ，これを直ちに普遍的なものとみなす発展史観をそのまま継承したことを意味しません。むしろ本書では，ヨーロッパ社会のもつ歴史的な個性に着目しようと思っています。もうちょっと強い言葉でいえば，ヨーロッパの「地域性（ローカリティ）」を重視しようというのです。

というのも，ヨーロッパの歴史を振り返ると，とても興味深い，世界の他の地域には見られない特徴をもっていることに気づくからです。一例をあげれば，「ヨーロッパ」の一体性です。現在もヨーロッパ連合（EU）の拡大が進行中であり，どこまでが「ヨーロッパ」かについては，つねに議論があります。それでも，「ヨーロッパ」という地域があり，そこに歴史的・文化的な一体性が存在することを疑う人は多くないでしょう。

しかしながら，実をいえば「ヨーロッパ」の歴史を見ても，きわめて短い例外の時期を除けば，政治的な統一が存在したことはほとんどありません。現在，「ヨーロッパ」と呼ばれているのは，かつてのローマ帝国の版図の一部ですが，この範囲を政治的に統一する権力は二度と現れませんでした。代わりに，この地域の一体性を守ってきたのは，長らくカトリック教会でした。

世俗の権力とは別個に宗教組織が発展し，両者の関係がきわめて

はじめに　vii

緊張に満ちていたのが，ヨーロッパの特徴です。この特徴は，そこに生まれた「政教分離」という原則とも密接に結び付いています（それゆえに，現在でもイスラム圏を中心に，この原則に反対する動きがあります）。

　本書を通じて明らかにしたいのは，きわめて歴史的な個性をもち，その限りで「地域性（ローカリティ）」をもつヨーロッパが生み出した政治的理念のうち，何が，どこまでの「普遍性（ユニバーサリティ）」をもちうるか，ということなのです。

　ヨーロッパで起きたことや，そこで生まれた理念が直ちに普遍的な意味をもつとは限りません。それでも 21 世紀のグローバル社会において，近代ヨーロッパの政治思想は依然として，人類にとって最も一般性のある枠組みを提供してくれるものではないでしょうか。本書の前提にあるのは，このような考え方です。

政治哲学との架橋

　最後に第三の方針として，政治思想史と政治哲学との架橋をあげておきたいと思います。ここで政治哲学とは何か，政治思想史とは何かについて，紙幅の関係もあって，長々と述べることはできません。

　しかしながら，ここまで論じてきたことからもわかるように，政治思想史の伝統において大切だったのは，過去の古典を読み，そこで得られた視座や思考法をもって，自らの目の前にある現実に取り組むことでした。そうである以上，政治思想史研究が，現代社会における政治のあり方についての哲学的考察と結び付くのは当然のことです。

　ただし，政治思想史と政治哲学とが全く同じものであるわけでもありません。政治思想史には政治思想史の，政治哲学には政治哲学の，固有の思考法があることは間違いありません。両者を安易に結び付けることには慎重であるべきでしょう。

少なくとも，政治思想史研究においては，古典となる文献のテキストの精密な読解と，その古典が書かれた時代状況や社会背景の理解が不可欠です。このことを抜きに，古典で読んだことを直ちに，自分の目の前の現実に適用すれば時代錯誤(アナクロニズム)の批判を免れません。

　これに対し，政治哲学研究においては，現実の政治的課題に対し，哲学的基礎をもった解答を示すことが重視されます。その場合，現実を読み解く何らかの概念が必要ですが，多くの場合，その概念は政治思想史研究から導入されます。とはいえ，経済学を含め，他のいかなる専門分野からであっても有効な概念さえ見つかればいいわけです。

　このように，政治思想史と政治哲学とは，直ちに一体であるとはいえませんが，両者がばらばらに展開されるのも生産的ではありません。本書では，現代政治哲学で論じられる多くのテーマや概念が，政治思想史の中でどのように生まれ，また変化してきたかを探るつもりです。また，とくにKeywordとして，現代の政治哲学でも強調される諸概念について解説しています。したがって，政治哲学を勉強する方にとっても，本書は有益な示唆を与えるはずです。

　現代を生きる人間にとって，政治思想史は尽きることのない知の源泉です。魅惑的な古典の世界へとみなさんをご案内することが，本書の何よりの願いなのです。

西洋政治思想史：目　次

はじめに ………………………………………………………………… i
　　政治思想史に意味があるのか　i　　「自由」の発展として
　　の歴史？　ii　　「グローバル・ヒストリー」時代の政治思
　　想史　iv　　「政治的人文主義」と「共和主義」　v　　ヨ
　　ーロッパの「地域性」　vii　　政治哲学との架橋　viii

第1章　古代ギリシアの政治思想　　　　　　　　　　　　　　1

1　古代ギリシアにおける政治と哲学 ……………………………2
　　ポリスの誕生　2　　デモクラシーの成立　3　　自由・正
　　義・法　5　　デモクラシーと哲学　6

2　プラトン ……………………………………………………………8
　　法は絶対か　8　　ソクラテスの登場　9　　『ゴルギアス』
　　と『国家』　11　　イデアと哲人王　14

3　アリストテレス …………………………………………………15
　　形而上学　15　　学問の体系　17　　ポリス世界と『政治
　　学』　19　　政体論　21

第2章　ローマの政治思想　　　　　　　　　　　　　　　　　23

1　ヘレニズムとローマ ……………………………………………24
　　ポリス世界の黄昏　24　　共和政ローマの発展　25　　ポリ
　　ュビオスの混合政体論　27　　ギリシアとローマの違い　29

2　帝政ローマの政治思想 …………………………………………31
　　帝政への移行　31　　キケロ　32　　タキトゥス　35　　セ

　　　　ネカ　36
　3 キリスト教の誕生 ……………………………………………38
　　　　ユダヤ教という起源　38　　イエスの出現　39　　パウロ
　　　　41　　初期キリスト教徒の共同体　43
　4 アウグスティヌス ……………………………………………45
　　　　論争の生涯　45　　神の国と地の国　47　　自由意志と悪
　　　　48　　キリスト教における時間　50

第3章　中世ヨーロッパの政治思想　　　　　　　　　　53

　1 ヨーロッパ世界の成立 ………………………………………54
　　　　古代―中世―近代？　54　　カロリング・ルネサンス　55
　　　　封建社会と法　57　　両剣論　59
　2 12世紀ルネサンスとスコラ哲学 ……………………………61
　　　　12世紀ルネサンス　61　　シャルトル学派とソールズベリの
　　　　ジョン　62　　スコラ哲学　64　　トマス・アクィナス　65
　3 普遍論争と中世世界の解体 …………………………………68
　　　　普遍論争　68　　普遍的共同体の解体　69　　王権の発展
　　　　と団体・代表理論　70　　ダンテとパドヴァのマルシリウ
　　　　ス　72

第4章　ルネサンスと宗教改革　　　　　　　　　　　　75

　1 マキアヴェリ …………………………………………………76
　　　　イタリア都市国家の発展　76　　マキアヴェリとその時代
　　　　77　　『君主論』　79　　『リウィウス論』　81
　2 宗 教 改 革 ……………………………………………………83
　　　　宗教改革とは　83　　ルター　84　　カルヴァン　87　　宗
　　　　教改革の帰結　89

3 宗教内乱期の政治思想 …………………………………… 90
迫害，寛容，抵抗権 90　　モナルコマキの諸相 91　　ポリティーク派の寛容論 93　　ボダン 94

第5章　17世紀イングランドの政治思想　　　99

1 イングランド内乱 ……………………………………… 100
イングランド内乱の展開 100　　レヴェラーズ 101　　ミルトン 103　　自由な国家 105

2 ホッブズ ……………………………………………… 106
新しい政治学 106　　自然状態と自然法 108　　国家の成立 110　　宗教論と主権の限界 111

3 ハリントン …………………………………………… 113
「古代の知恵」 113　　軍隊と土地所有 115　　『オセアナ共和国』の制度構想 117　　ネオ・ハリントニアン 119

4 ロック ………………………………………………… 120
自然法と人間の認識能力 120　　自然状態 122　　政治社会 123　　宗教論 126

第6章　18世紀の政治思想　　　127

1 モンテスキュー ……………………………………… 128
絶対王政への知的抵抗 128　　共和政，君主政，専制政 129　　イングランドの発見者 132　　商業社会 133

2 啓 蒙 思 想 …………………………………………… 135
新たな知の拠点とネットワーク 135　　啓蒙とは何か 136　　道徳哲学 138　　啓蒙と政治権力 140

3 スコットランド啓蒙 ………………………………… 142
合邦と社会変動 142　　カントリ派とコート派 143　　道

徳哲学と文明社会論　145　　　ヒューム　146

第7章　米仏二つの革命　149

1　ルソー……………………………………………………………150
『学問芸術論』　150　　『人間不平等起源論』　151　　『社会契約論』　154　　残された問い　156

2　アメリカ独立と『ザ・フェデラリスト』……………………157
アメリカ独立革命　157　　トマス・ペイン　158　　ジェファソン　160　　『ザ・フェデラリスト』　161

3　フランス革命とバーク………………………………………164
フランス革命の衝撃　164　　『現代の不満の原因』　165　　議会・政党論　167　　『フランス革命の省察』　168

第8章　19世紀の政治思想　171

1　ヘーゲル………………………………………………………172
フランス革命批判　172　　外面的国家批判　174　　市民社会　175　　行政，職業団体，国家　177

2　トクヴィルとミル……………………………………………179
フランス革命と自由主義の誕生　179　　トクヴィル　180　　デモクラシー社会の危険性　182　　J.S.ミル　183

3　社会主義とマルクス…………………………………………186
社会問題と社会主義　186　　サン・シモンとフーリエ　188　　オーウェンとプルードン　189　　マルクス　190

結章　20世紀の政治思想　193

デモクラシーの世紀　194　　政治とは何か　196　　自由主義の転換　198　　政治思想の現在　200

あとがき……………………………………………………………203

 読書案内 207

 引用・参考文献 213

 事項索引 223
 人名・書名索引 229

◆ 図表
 表1-1 アリストテレスの六政体論 22

◆ ***Key person***
① ソクラテス 10
② プラトン 12
③ アリストテレス 16
④ リウィウス 27
⑤ キケロ 33
⑥ パウロ 42
⑦ アウグスティヌス 46
⑧ ボエティウス 56
⑨ トマス・アクィナス 66
⑩ ダンテ 74
⑪ マキアヴェリ 78
⑫ ルター 85
⑬ ボダン 95
⑭ ミルトン 104
⑮ ホッブズ 107
⑯ ハリントン 114

◆ ***Keyword***
① 政治 4
② 国家(republic) 13
③ デモクラシー 20
④ 帝国 30
⑤ 共和政(republic) 34
⑥ 平等 43
⑦ 自由意志 50
⑧ 法の支配 58
⑨ 共通善 67
⑩ 代表制 72
⑪ 国家(state) 80
⑫ 政教分離 86
⑬ 主権 96
⑭ 寛容 106
⑮ 安全 112
⑯ 共和主義 118

目 次 xv

⑰ ロック　121　　　　　⑰ 所有権　125
⑱ モンテスキュー　130　⑱ 権力分立　133
⑲ ヴォルテール　139　　⑲ 進歩　141
⑳ ヒューム　147　　　　⑳ 利益　145
㉑ ルソー　152　　　　　㉑ 社会契約　155
㉒ ハミルトン　161　　　㉒ 多元主義　163
㉓ バーク　166　　　　　㉓ 保守主義　169
㉔ ヘーゲル　173　　　　㉔ 市民社会　176
㉕ トクヴィル　181　　　㉕ 自由主義　185
㉖ マルクス　191　　　　㉖ 社会主義　187

本書のコピー，スキャン，デジタル化等の無断複製は著作権法上での例外を除き禁じられています．本書を代行業者等の第三者に依頼してスキャンやデジタル化することは，たとえ個人や家庭内での利用でも著作権法違反です．

第1章 古代ギリシアの政治思想

●パルテノン神殿（dpa/PANA）。

政治を語るための概念の多くは，古代ギリシアに起源をもっている。そもそもの「政治（politics）」という言葉からして，その語源は都市国家を意味したポリスにあった。いったい，古代ギリシアで何が起きたのだろうか。何よりも重要なのは，デモクラシーの実現であろう。すべての市民が民会に集まって意思決定を行い，あらゆる公職は抽選で選ばれる。民衆裁判が判決を下し，市民たちは自ら武器をとって国を防衛する。もちろん，デモクラシーに問題がなかったわけではない。哲学者のソクラテスは，アテナイの民衆裁判で死刑を宣告された。その衝撃から，弟子であるプラトンは理想の国家を構想する。哲学者が支配するか，さもなければ支配者が哲学を学ばなければならない。そこまでプラトンは思い詰めたのである。これに対し，アリストテレスは古代ギリシアのデモクラシーの実践を評価しつつ，多様な政体の比較を行った。ここに政治思想の歴史が始まった。

1 古代ギリシアにおける政治と哲学

ポリスの誕生　政治思想史をめぐる本書の知的冒険は、紀元前8世紀の古代ギリシアから始まる。なぜだろうか。高校の世界史の教科書を開けばわかるように、中国の黄河流域や、エジプトのナイル川流域をはじめ、世界の各地にはすでに壮大な古代文明が発展していた。ギリシアは、エジプト文明やメソポタミア文明の発展した地中海世界の周辺部にすぎなかった。

国家というものが人類の歴史に登場したのは、古代ギリシアの歴史にはるかに先立つ昔のことである。諸国家は互いに競い、ときに血なまぐさい戦争をしながら、やがて巨大な帝国へと統合されていった。そのような帝国と比べるならば、ギリシアはほんの小さな存在でしかなかった。しかも、ギリシア本土からエーゲ海の島々、そして小アジアと呼ばれた地域に及ぶギリシア文明を統一するような国家は現れず、ポリスと呼ばれた都市国家群が併存したままだった。

そうだとすれば、ギリシアから話を始めるのは不思議なことである。しかし、ここで注意してほしいのは、「政治（politics）」という言葉自体が、古代ギリシアの都市国家の名称からきていることである。どうやら、古代ギリシア人は、何か新しい社会のしくみを発明したらしい。政治というと、権力をめぐる闘争や、国家による支配を想像する人も多いだろうが、そのような意味でなら、古代ギリシアより前から政治はある。古代ギリシア人たちが始めたのは、それとは違う何かであった。

それではポリスとは、いったいどのような社会だったのか。この地域には、かつてミケーネ文明が栄え、ホメロスの叙事詩『イリア

ス』や『オデュッセイア』に描かれているような諸王国の興亡が見られた。その中心になったのは、ギリシア連合軍が、小アジアのトロイに遠征した攻城戦とその後日譚(ごじつたん)であるが、戦士たちが己の名誉をかけて戦い、あるものが滅び、あるものが生き残る運命がその主題となっている。

しかしながら、やがてミケーネ文明は失われ、ギリシアは動乱の時代を迎える。混乱と移動の中で、戦士たちは自衛のための集団を形成し、紀元前8世紀には、城壁に囲まれた都市国家に定住するようになる。アテナイ、スパルタの名がよく知られているが、互いによく似た制度をもち、その後の歴史的な発展も大枠でいえば共通していた。中心部にアクロポリスと呼ばれる城塞とアゴラという名の広場があり、城壁外には田園地帯が広がっていた。

デモクラシーの成立

東(オリエント)方の大帝国と比べれば、人口も領域も比較にならない小国家であったポリスであるが、そこにははっきりとした個性があった。神話化された王の下に神官や官僚の巨大な組織が形成された古代帝国と違い、ポリスにおいては一人一人の市民が政治的な意思決定に参加し、また戦いにあっては武器をとった。要するにポリスには王もいなければ、職業的な軍人もいなかったのである。市民たちは公共の広場であるアゴラに集まって民会を開催し、ポリスの運命を自分たちで決した。

このようなポリスでは、力による強制はありえなかった（そもそも職業軍人も警察官もいなかった）。残された手段は、言葉による相互の説得だけである。互いに自由で平等である市民たちが、純粋に言語だけを媒介に意思決定を行い、その決定に自発的に服従する。これこそがポリスにおいて最も重要なことであり、「政治」という言葉には、このような理念が込められていた。

もちろん、ポリスにおけるこのような特徴が一朝一夕に成立した

1　古代ギリシアにおける政治と哲学

Keyword ① 政治 (politics)

本文でもふれたように,「政治」という言葉には,ポリス特有の社会のあり方が色濃く反映されている。ポリスはしばしば「政治的共同体（ポリティケー・コイノーニア）」と言い換えられたが,あくまで平等な市民間の関係を指し,主人による奴隷の支配や,家長による家族の支配とは区別されていた。また後にアリストテレスは人間を「ポリス的動物（ゾーン・ポリティコン）」と呼んだが,神々や動物と違い,人間が言葉を使って共同の意思決定を行うことを強調したものであった。にもかかわらず,このような「政治」の含意はやがて曖昧になり,今日ではもっぱら人間集団,とくに国家や国家間における権力の配分やそれをめぐる争い一般を指すものとして理解されることが多い。とはいえ現代においても,政治思想家のハンナ・アーレントは再び「政治」の原意にこだわり,人間の複数性に対応する人間の活動として政治を再定義している（☞結章）。

わけではない。スパルタと並んで代表的なポリスとみなされ,かつ史料が最もよく残っているアテナイに即して振り返ってみよう。

アテナイにおいても,その初期には王が存在した。とはいえ,早くから軍事・政治・祭祀の権限が分割され,やがて貴族が期限付きで最高職につくようになり,貴族政に移行する。貴族たちは終身のアレオパゴス評議会を拠点に力をもったが,やがて自弁で武装して兵士（重装歩兵）となる平民の発言権が高まっていく。

画期となったのは,ソロンの改革である（前594年）。この時期,アテナイは深刻な社会的危機にあり,農民の中には借財を負って土地を差し押さえられたり,奴隷に転落したりする者が現れた。しかしながら,このことは重装歩兵となるべき市民の減少を意味するため,貴族たちにとっても放置できない事態であった。

ここで登場したのが立法者ソロンである。彼は債務を帳消しにし,

市民の奴隷への転落を禁止した。結果として，市民と奴隷とがはっきりと二分され，以後，市民間における自由と平等が保障されることになる（逆に，主として経済活動を担ったにもかかわらず，奴隷は政治的意思決定から排除された。女性についても同様である）。

続いて前508年にはクレイステネスの改革が行われ，それまでの血縁的な共同体のあり方に代わり，地縁的な原理に基づく集団組織であるデーモスの制度が導入された（デモクラシーの語もこれに由来する）。この改革によって貴族による恩顧関係が清算され，デーモスの制度を突破口に，やがて将軍以外のあらゆる官職が抽選によって市民から選ばれるようになった。ここに，政治的意思決定を行う民会，市民が参加して判決を下す民衆裁判とあわせ，アテナイのデモクラシーが完成したのである。

自由・正義・法 このような古代ギリシアにおけるポリス世界にとって大事件となったのが，前492年に始まったペルシャ戦争であった。東方のペルシャ帝国の皇帝ダレイオス1世の送った遠征軍に対し，アテナイやスパルタを中心に結束したギリシア連合軍は，マラトンの戦いで勝利し，さらにその後，サラミスの海戦でクセルクセスの遠征軍も退けた。

なぜポリスの連合軍がペルシャの大帝国に勝利できたのであろうか。ギリシア人たちは，次のように理解した。何よりも大切なのは自由である。一人の皇帝が恐怖の力で率いる多数の軍勢よりも，自由で平等な市民たちが祖国を守る気概に満ちたポリスの方が，最終的には優位する。市民として政治的意思決定に参加し，自らの力で独立を守ることこそ，彼らにとっての自由であった。

アテナイ・デモクラシーの全盛期の指導者として知られるペリクレスは，祖国を守る戦いで死んでいった市民のための葬送演説で，次のようにいっている。「たとえ貧窮に身を起こそうとも，ポリスに

1 古代ギリシアにおける政治と哲学

益をなす力をもつ人ならば，貧しさゆえに道をとざされることはない。われらはあくまでも自由に公けにつくす道をもち，また日々互いに猜疑の眼を恐れることなく自由な生活を享受している」(トゥーキュディデース『戦史』第2巻37節)。

ここで重要なのは，市民にとって大切なのはあくまでポリスであったということである。ポリスのために市民がいるのであって，逆ではない。個人の自由や権利を守るために国家があると考える近代社会契約論 (☞第7章) とは異質な発想がここには見られる。ギリシア人にとって意味ある人生とは，ポリスの政治や軍事で活躍し，公けの利益に貢献することであった。現代人にとって大切なプライヴァシーといった感覚とは無縁であった。

古代ギリシア人にとって，世界とは混沌ではなく秩序 (コスモス) であった。万物を貫く神聖な秩序が存在するのであり，人間はその掟 (テミス) に従わなければならない。ギリシア神話において正義を意味するディケーは女神であり，主神ゼウスとテミスの間に生まれたとされる。この正義に反するのは人間の傲慢 (ヒュブリス) であった (ちなみに，ギリシア悲劇は，優れた能力をもつ英雄が，ヒュブリスゆえに掟を逸脱することで，運命によって敗北し，没落するというテーマを繰り返し取り上げた)。

その意味で，古代ギリシア人にとっての自由とは，あくまで法 (ノモス) の下に生きることであった。権力をもつ特定の個人ではなく，人々に共通なルールである法に自発的に服従することが，彼らの誇りであり，理想であった。

デモクラシーと哲学

古代ギリシア人はいろいろなものを《発明》したが，本書にとってとりわけ重要なのは，やはりデモクラシーと哲学である。ちなみにデモクラシーとは「民衆の支配」，哲学とは「知を愛すること」を意味する古代ギ

リシア語に由来するが、なぜこの二つはギリシアの地に生まれたのか。両者の誕生には何らかの関係があったのだろうか。

　すでに指摘したように、アテナイのようなポリスでも、かつては貴族による権力の独占が見られた。これに対し次第に平民の地位が向上し、やがて自由で平等な市民による議論によって政治的意思決定がなされるようになった。このことは、少数者による独占から公の議論へと、意思決定のあり方が変わったことを意味する。このような開かれた社会的経験が、デモクラシーによって実現されたのである。

　デモクラシーにとって、だれかに支配されるのではなく、自分で自分を支配することが大切であったように、哲学にとっては、移ろいゆく世界にただ流されるのではなく、自らの知によって世界の背後にある変わらない原理を見つけることが重要であった。万物は相互につながりを欠いたまま無秩序に存在するわけではない。哲学者たちは現象を貫く法則や究極の原理を見出そうとした。

　哲学が生まれたのは、ギリシアの中でもイオニアという地方であった。前6世紀ごろ、ギリシア人は活発に植民活動を行って新たなポリスを建設し、貿易を行ったが、そのようなネットワークが哲学の知の原動力であったことは間違いない。その後、政治的・経済的発展を背景に、やがてアテナイが知的にも大きな拠点となっていく。

　アテナイのデモクラシーが完成へと向かうころ、ソフィストと呼ばれる人々の活動が目立つようになった。デモクラシーによって、貴族ではない市民にも政治的な活躍の機会が開かれたが、ソフィストたちは、そのような人々が活躍するための能力として、政治的弁論をはじめとする幅広い知を、対価をとることで提供したのである。

　ソフィストたちは、倫理の基礎づけや国家の根拠など、あらゆる既存の制度やしくみ、価値観やルールの見直しを開始したが、それ

はまさにデモクラシーの発展と軌を一にするものであった。とはいえ，それが社会秩序を脅かすものであったことも間違いない。ここにアテナイは空前の知的動揺期に突入するが，そこに現れたのがソクラテスであった。

2 プラトン

法は絶対か　ギリシア人は，この世界には何かしら神聖な秩序が存在すると考えていた。それゆえ，人は世界の秩序に合致した正義の下に生きるべきであり，彼らにとって，法に服従することは何ら自由に反することではなかった。にもかかわらず，ソフィストと呼ばれた知的革新者たちは，このような法すらも自明のものとはみなさなかった。

　はたして法とは何であろうか。いかに神聖なものであるとしても，しょせん人の作ったものではないか。人の作ったものであるなら，絶対的なものではないはずだ。ソフィストはそのように説いた。彼らの代表者とされるプロタゴラスは，「万物の尺度は人間である」といったが，いわば，すべては人次第であるというわけである。当然，時と場所が違えば，適用されるべき法も違ってくることになる。

　しかしながら，ポリスにおける政治にとって重要だったのは，市民が人ではなく法に従って生きることであった。それも強制されるのではなく，自発的に法に従うことが肝心であった。そうだとすれば，法の根拠が危うくなることは，すべての秩序を揺るがしかねない事態である。永遠の秩序への関心をもったギリシア人であるが，法と永遠の秩序が無縁であるならば，どうして法に従う必要があるだろうか。

社会的な背景もあった。ペルシャ戦争では一致団結したギリシアであったが、やがてアテナイとスパルタの反目が目立つようになる。多くのポリスが両陣営に分かれて争ったペロポネソス戦争（前431-前404年）は、それぞれのポリスの内政にも暗い影を投げ掛けた。親アテナイ派と親スパルタ派とが交互に権力を奪い、そのたびに各ポリスの法は変更された。結果として、まさしく「すべては人次第」というべき事態に陥ったのである。

　ソフォクレスによるギリシア悲劇『アンティゴネ』は、この点で象徴的である。主人公のアンティゴネは、悲劇的な終わりを迎えたオイディプス王の娘である。彼女の兄弟は王位を争った末に共に倒れたが、とくにその一人は、国法に反したとして葬られることもなく、屍（しかばね）を野にさらすことになる。

　これに対しアンティゴネは、死んだ近親を埋葬するのは家族としての自然の情であると主張する。それが法に反するのなら、法の方がおかしい。敢然と兄を弔（とむら）ったアンティゴネは、そのことによって死ぬことになるが、国法の側に立った王クレオンもまた悲劇に見舞われる。国法と人間の自然の法の相克を鮮やかに描いたものであるといえよう。

ソクラテスの登場

　このような知的動揺期にソクラテスは現れた。ちなみに彼は1冊の著作も残しておらず、その言行は、以下に紹介するプラトンらによって伝えられているだけである。彼はただ自らの信じるところに従って生きたのであり、その人生をもって巨大な倫理革命を引き起こしたといえよう（☞ ***Key person*** ①）。

　それにしても、ソクラテスはなぜそれほどの影響力をもったのだろうか。彼はただデルフォイの神託に従い、真に知るとはどういうことかを、対話を通じて明らかにしようとしただけである。権力も

Key person ① ソクラテス（前470/69-前399年）

アテナイに生まれたソクラテスは，ペロポネソス戦争に従軍するなど，自らが良き市民であることを疑わなかった。にもかかわらず，その生涯はアテナイとの緊張感に満ちたものであった。彼はあるときデルフォイ神殿から「ソクラテス以上の賢者はいない」という神託を受ける。自分が無知であることを知るソクラテスは，この神託の謎を解くことを自らの天命とみなした。彼は当時の知識人とされた人々のところを訪れ対話を試みるが，賢いとされる人も実は何も知らないということに気づく。ここから彼は自らの無知を知ることの重要性を自覚した。このようなソクラテスの活動はアテナイの多くの若者の支持を集める一方で，有力者の反発を買い，「神を信じず，青年を堕落させる」として裁判にかけられた。そこで死刑判決を受けたソクラテスは，亡命を勧める友人クリトンの助言を退け，毒杯を仰ぐ。アテナイの良き市民としての自らの生涯の一貫性を尊んだためであった。

財力もないソクラテスは，まさに徒手空拳でポリスの秩序と向き合わざるをえなかった。彼の悲劇的な死は，そのことを如実に示している。

ソクラテスにとって，生きるとはただ生きることではなく，「よく生きる」ことを意味した。それでは，どうすれば「よく生きる」ことができるのだろうか。彼は自らの魂への配慮が何よりも重要であると説いた。

それでは魂とは何か。ソクラテスはいう。仮に権力者に迫害されて死ぬとしても，そのことで魂は傷つかない。しかしながら，自分に嘘をつくこと，自らの信念に反した行動をとることは，魂を損なう。肝心なのは不正を行わないことである。それゆえ，人に不正を加え，自分の魂を振り返ることのない独裁者ほど哀れなものはいない。

このようなソクラテスの主張は，それまでのギリシア人の価値観を百八十度転換させるものであった。というのも，ギリシア人にとって価値ある人生とは，仲間の市民の眼前で政治的・軍事的に活躍して，不朽の名声を後世に残すことであったからである。これに対しソクラテスは，社会的な成功や名声よりも，自らの内面の方が大切であると主張した。魂への配慮と比べれば，それらは無に等しいというわけである。

　ソクラテスを批判する人からすれば，彼はソフィストの一人，最も悪質なソフィストであった。というのも，彼の考え方は，法に代表されるポリスの伝統的な価値観を否定する危険性を秘めていたからである。反面，ソクラテスはソフィストと違い，「すべては人次第」という相対主義者ではなかった。彼は魂への配慮という新たな価値を示したのであり，それまでの哲学者がもっぱら自然の中における不変の原理を探究したのに対し，人間の倫理における新たな原理を模索したのである。

　しかしながら，ソクラテスは祖国であるアテナイによって，それもまさにアテナイのデモクラシーによって死に至る。このことの意味を追究したのが，弟子プラトンである。

『ゴルギアス』と『国家』

　自らが「よく生きる」ことをめざしたソクラテスは，なぜ死に追い込まれたのか。このことを自問したプラトンは，ポリス自体の改革に乗り出さなければならないという結論に達した。ソクラテス自身は政治にかかわらなかったが，彼の倫理的模索は最終的に既存の秩序と衝突せざるをえなかった。そうである以上，魂への配慮を可能にするような国家を新たに作り出すしか道はないと，プラトンは考えたのである。

　プラトンはまず『ゴルギアス』（前380年ごろ）において弁論術を

Key person ②　プラトン（前429-前348年）

　アテナイの名門に生まれたプラトンは，若いころから政治への強い関心をもっていた。そんな彼に衝撃を与えたのが，師であるソクラテスの刑死である。プラトンはアテナイ政治の腐敗を見出し，以後，イタリアのシチリア島を訪問してピュタゴラス学派と交わるなど，旅を続けた。やがてアテナイに戻ったプラトンは自らの学園を創設し，アカデメイアと命名する。ソクラテスから学んだ対話形式を重んじたプラトンは，天文学や幾何学に始まり，哲学や政治学までをそこで教えた。プラトンは後に再びシチリアのシュラクサイに赴き，自らの考える哲人王の理想を実現しようと試みたが，失敗に終わっている。20世紀に活躍した哲学者ホワイトヘッドが「西洋哲学の歴史とは，プラトンへの膨大な注釈である」と評したように，プラトンの後世への影響は巨大であり，古代ローマ末期からルネサンス期にかけてのネオ・プラトニズムをはじめ，20世紀の思想にも強い刻印を残している。

検討する。すでに述べたように，ポリスでは市民間の説得が重要であったので，弁論術はそのために不可欠な能力であった。しかしながら，プラトンにいわせれば，そのような弁論術はしばしば人々を自分の思うように操作したいという欲望と結び付く。相手の魂を真に改善するよりはむしろ迎合し，つけ込もうとする点で，弁論術は真の政治術とはいえない。

　本当に大切なのは，自らの欲望すらもコントロールすることではないか。そのような見地から，理想の国家論を展開したのが『国家（ポリテイア）』（前380年ごろ）である。本の副題は「正義について」であるが，プラトンは，魂にとっての正義を知るためには，より大きな対象であるポリスにおける正義を考えてみる必要があると説く。

　プラトンの見るところ，ポリスを構成するのは二種類の人々である。一つは，快楽を追求する大多数の人々であり，経済活動に専念

> ***Keyword*** ② 国家（republic）
>
> 本文でも記したように，プラトンの主著は『国家』と訳されている。とはいえ，この場合の国家とは，現代の私たちが理解している国家とは異質なものである。後に紹介するように（☞ ***Keyword*** ⑪），現代語の国家は英語の state の翻訳であり，本来的には統治機構を意味する。これに対し，プラトンのいう国家とはギリシア語でいうポリテイアであり，むしろ市民たちの集合体を意味した。古代ギリシアにおいて，土地は国家の本質的要素とはみなされておらず，市民が他の場所へ移住する場合，国家もまた移動するとみなされた。ローマのキケロも，やはり国家を正義と共通善によって結ばれた市民の集まりと定義している。古代ギリシア語にいうポリスやポリテイア，さらにラテン語の res publica など，共通の紐帯によって結び付けられた市民の団体としての国家観こそが，古代ギリシアやローマにおける共通理解であったといえるだろう。

すべきである。もう一つは，これらの人々を守り，指導する守護者層である。守護者層についても，軍事をもっぱらにする補助者層と，政治に携わる真の守護者層とに分かれる。この三つの階層がそれぞれの任務を果たし，より上位の階層に従うことで正義が実現するとプラトンは考えた。

　守護者層養成のために，素質の優れた人間を教育する必要があると考えたプラトンは，そのためのプログラムを考えるとともに，この階層に選ばれた人々は私有財産も家族ももってはならないとした。真に無私の人だけが政治にかかわるべきだと考えたのである。

　このようなポリスのしくみを人間の魂に当てはめてみると，経済階層は欲望に，補助者層は気概に，そして真の守護者層は理知に該当する。ポリスの場合と同じように，欲望が気概，そして理知によく従うことで正義にかなった魂の状態が実現するとプラトンは考えた。

逆にいえば, 欲望だけが肥大化した人間, 勇気はあるが理性に欠ける人間があるように, 金持ちと貧乏人がそれぞれの欲望を追求するポリスや (寡頭政, 民主政), 最も劣悪な人間の支配 (僭主政), さらには軍人支配のポリスもありうる。これに対し, プラトンが理想としたのは, あくまで理知が支配するポリス (王政, 貴族政) であった。

イデアと哲人王

　プラトンは,「哲学者が支配するか, さもなければ支配者が哲学を学ばなければならない」と説いた。いわゆる「哲人王」という考え方である。哲学と政治とが抜き差しならない関係にある以上, 最終的な解決は両者の統一しかありえないというのがプラトンの考えであった。

　それでは哲人王はいかなる原理に基づいて支配すべきか。プラトンはここでイデア論を展開する。人間は感覚的な世界に生きている。しかしながら, 手にふれて知ることができる現象の世界は, 真の実在ではないとプラトンはいう。彼は, 心の目でしか見ることのできない「ものごとの真の姿」をイデアと呼んだ。さらに, さまざまなイデアを統括する究極のイデアを「善のイデア」とし, 統治にあたる人間が最終的に学ぶべきものとした。

　イデアを説明するためにプラトンがあげるのが「洞窟の比喩」である。感覚的な世界に生きる人間は, 洞窟に閉じ込められているようなものであり, 灯に照らされ壁に映るうすぼんやりとした影を見ているにすぎない。しかしながら, ひとたび洞窟を出れば, まばゆい光の下にものごとの真の姿, すなわちイデアを見ることができる。イデアを知った人間は, 再び洞窟に戻り, 影を見ている仲間たちに, 真の実在を教えなければならないとプラトンはいう。

　プラトンの議論で目につくのは, 移ろいゆく現象的世界と, 真の実在であるイデアの世界とを真正面から対比する思考である。この

ような思考法は，えてして現実を全否定する理想主義と結び付きやすい。たしかに統治にあたる人間や集団が真理を把握しているならば，あとはそれを実現することだけが政治の課題といえよう。しかしながら，歴史上現れた多くの独裁者の正当化に，このような考え方が利用された事実も否定できない。

　実際のところ，プラトン自身も，その晩年に政治観をかなり修正していたようである。『政治家（ポリティコス）』や『法律（ノモイ）』といった後期の作品においては，『国家』のような理想のポリスを断念し，家族や私有財産制を復活させている。というのも，現実の政治においては，人々の自己愛を前提とせざるをえないからであり，彼はむしろ複雑で精妙な政治機構に期待するようになっていた。さらに政治参加の平等を強調する点においても，現実のギリシア・ポリスのあり方により近づいている。

　もっとも哲人王に代わる「夜明け前の評議会」なるものを論じているように，プラトンはあくまで理知が支配すべきであるという前提を放棄しなかった。魂への配慮を最高の価値とする政治という考えにおいて，彼の考えは最後まで一貫していたのである。

3　アリストテレス

形而上学

　私たちが暮らすこの世界においては，すべてがたえず変化している。しかしながら，真に実在するものとは不変不動であり，時間を超えて単一なのではないか。プラトンのイデア論の背景には，そのような考え方があった。そうだとすれば，不安定な感覚に頼らず，純粋に理性の力でものごとの本質を理解すべきではないか。たとえば，この世に本当に

Key person ③ アリストテレス（前384-前322年）

　ソクラテスやプラトンと違い，アリストテレスはアテナイの生まれではない。ギリシアの北方にあるマケドニアの出身であり，後にアレクサンドロス大王の家庭教師になったとされる。プラトンの学園アカデメイアに学んだアリストテレスは，師の死後にこれを離れ，マケドニアに戻っている。古代ギリシアのポリス世界を代表する思想家とされるアリストテレスであるが，実はアテナイをはじめとするポリスとは複雑な関係にあった。というのも，フィリッポス2世の時代にギリシアのポリス連合軍を破ったマケドニアは，アレクサンドロス大王の下，ギリシアのみならず，遠くペルシャまでを征服して大帝国を築いたからである。いわば，ポリス世界の終焉を告げた大王に近い立場にアリストテレスはいたことになる。後にアリストテレスは，アテナイでリュケイオンという名の学校を開いた。『政治学』や『ニコマコス倫理学』などは，そこでの研究教育の成果である。

　純粋な三角形など存在しないが，三角形のイデア（三角形なるもの）はある。ピュタゴラス学派の影響を受けたとされるプラトンのイデア論は，どこか数学的である。

　これに対し，プラトンの弟子であるアリストテレスは，むしろ生物学から多くを学んでいる。植物の種子には，葉や花のかたちなど，その植物の未来の姿が秘められている。その意味では，植物が生長するとは，最初から潜在していたその植物の本質が実現していく過程であるといえる。ここからアリストテレスは，人間を含むあらゆる存在は何らかの目的を実現するために存在すると考えた。

　このような発想は近代科学とは異質である。あらゆる現象は因果関係によって発生するが，何らかの目的が実現するような終わりは存在しない。それぞれの事物の中に，本質が潜在するわけでもない。そのように考える近代科学は目的論を追放しようとしたといえよう。

とはいえ、今でも英語で end という言葉には、「終わり」と同時に「目的」という意味があるように、アリストテレス的な目的論の思考は残っている。「——とは結局何なのか」という本質的な問いを完全に捨て去るわけにはいかないのである。

ちなみにアリストテレスは、事物の変化や運動を四つの要因によって説明しようとした。まずは質料因（ヒューレー）と形相因（エイドス）である。ある大理石の人物像があるとすれば、材料となる大理石が質料因であり、その人物の形が形相因である。大理石なしに人物像はありえないが、制作者の頭の中にある人物のイメージがなければ、ただの石のままである。次に始動因（アルケー）と目的因（テロス）である。この場合、制作の開始が始動因であり、完成した人物像が目的因である。アリストテレスは、一つ一つの事物に意味を与え、生々発展という概念で世界を説明しようとした。

感覚的世界の彼方にイデアの秩序を求めたプラトンに対し、目に見える事物の中にその本質や目的を見出したアリストテレス。プラトンが現実とイデアの世界を鋭く対比してとらえようとしたのに対し、アリストテレスはあくまで現実に内在する本質を見出そうとした。両者の思考法の違いは、その学問体系や政治学にも影響を及ぼしている。

学問の体系

ギリシア文明の獲得した認識、経験した活動を集積・体系化したとされるアリストテレスは、まさにあらゆる学問に通暁した人物であった。そのアリストテレスは『ニコマコス倫理学』で学問を三種類に分けている（学問分類は、私たちの知のあり方を規定するために、とても重要である）。この分類は、以後 2000 年にわたって西洋思想に影響を与えた。

第一は、理論学（テオーリア）である。「それ以外の仕方では、あることができないもの」を対象とする。観察する側に関係なく、厳

密な認識が可能な学問である。具体的には数学や自然学，それに神学（神のあり方は人間には変えられないから）がある。第二は，実践学（プラクシス）である。理論学とは逆に，「それ以外の仕方でも，あることができるもの」を扱う。知識をもつことで対象自体を変化させることができる学問で，人間の善き行いにかかわる。具体的には政治学，倫理学，家政学がそれにあたる。第三は，制作学（ポイエーシス）である。変化する素材を使って一定の結果を生み出すもので，修辞学，詩学，医学が該当する。

　この学問分類論の最大のポイントは，理論学と実践学とを分けたことにある。プラトンは両者を区別していない。すなわち政治についても厳密な認識は可能であり，あとはそれを実現するだけであると考える（したがって理論学と制作学があればいい）。これに対しアリストテレスは，厳密な認識が可能な知（エピステーメ）と，時や場所など具体的な状況に左右される思慮（フロネーシス）とは別であると主張した。

　政治とは人間にふさわしい幸福を実現するための活動であり，幸福は理性（ロゴス）によって情念（パトス）をコントロールすることにかかっている。その能力こそが倫理的卓越性（アレテー）であり，そこでは習慣づけ（エートス）が大切である。このような状態を中庸と呼んで強調したアリストテレスに，政治を倫理と結び付けたソクラテスやプラトン以来の伝統を見出すことが可能だろう。とはいえ，あくまで善は単一ではなく，それゆえにつねに争いがあると強調した点にこそ，アリストテレスの特徴がある。争いがあるからこそ賢明な状況判断が重要であり，そのための思慮は経験なくして学びえないものであった。

　その意味で，アリストテレスが何よりも重視したのが，人間の本質に合致した善を実現する学問としての実践学であった。彼はこれ

をさらに、ポリスを対象とする政治学、自らの一身にかかわるものとしての倫理学、さらに家（オイコス）を経営するための家政学に分類した（ちなみに経済学の語源〈オイコノミケー〉は家政学にある）。

ポリス世界と『政治学』

現実のポリス世界とのかかわりにおいても、プラトンとアリストテレスの間には違いがある。ソクラテスの刑死に衝撃を受けたプラトンが激しくアテナイのデモクラシーを批判したのに対し、アリストテレスはその現実を見据えて、自らの政治学を構築しようとした。アリストテレスにとって、ポリスを離れて政治はありえなかったのである。

アリストテレスは「人間はポリス的動物（ゾーン・ポリティコン）である」といっている。要するに、人間が人間としての本質を実現し、よき生活を過ごすためには、どうしてもポリスが必要だというわけである。人間と比べるならば、自足した存在である神々にポリスは必要ないし、言語をもたない動物は善悪を知らず本能で群れを作るだけである。

とはいえ、何をしなくても人間がよき方向へと向かうわけではない。外からの働き掛けが必要であり、ポリスの中での習慣づけが不可欠である。それが政治術であり、その方法を教えるものとしてアリストテレスは『政治学』を執筆した。この意味で、彼にとって、倫理学と政治学とは連続していた。

ちなみにアリストテレスは、どのようなポリスが最善であると考えていたのか。彼にとって理想的なのは、互いの顔がわかるような社会であった。その意味で人口や領土の点で巨大すぎるのは望ましくない。「国土は一目で見渡せる」ことが条件であった。同時に、自給自足できないのもよくない。ポリスには、食糧を生産する農民、道具を作る職人、物を取引する商人の他に、軍人、神官、そして統治や裁判を行う人々が必要であった。

> ***Keyword*** ③　デモクラシー（democracy）
>
> 　デモクラシーとは，古代ギリシアの政体論の一分類として生まれたものであり，もともと民衆の支配や権力を指す言葉であった。すなわち一人や少数者による支配ではなく，自由で平等な市民による相互支配こそが，その本質であった。したがって，すべての市民が集まる民会による意思決定のみならず，公職が抽選によって決定され，民衆裁判に市民が参加することが重視された。その意味では選挙はむしろ貴族政的な制度であり，選挙によって選ばれた代表者による意思決定を大幅に取り入れた近代のデモクラシーを，同じくデモクラシーと呼ぶべきかについては問題が残る。アリストテレスがいうように，デモクラシーにおいて大切なのが，支配と服従の両方を経験することだとすれば，もっぱら代議士に政治を委ねる近代のデモクラシーは，むしろ自由な寡頭政（オリガーキー）といえるかもしれないからである。にもかかわらず，市民による自己統治としてのデモクラシーという理念は，現代でもなお重要な意味をもっている。

　それではポリスをポリスたらしめるものは何か。アリストテレスは，徳ある市民が相互に支配することが大切だと考えた。互いに平等な市民があるときは支配し，またあるときは支配される。このような相互支配をアリストテレスは政治的支配と呼んだ。逆にいえば，平等者間の相互支配とは異なる支配もありうるということである。

　たとえば，ポリスには奴隷が存在したが，アリストテレスは主人が奴隷を支配するのを，優れたものによる劣ったものの支配として理解した。ただし，この場合，支配は優れたものの利益のために行われる。逆に親の子に対する支配のように，劣ったものの利益のためになされる支配もある。アリストテレスは前者を主人的支配，後者を王政的支配と呼んだ。

　ポリスの市民である家長は，家の中では家族や奴隷を支配した。

その意味で、ポリスの公的空間では政治的支配、家の私的空間では主人的支配や王政的支配というように、アリストテレスは空間ごとに異なる支配原理を考えた。プラトンと異なり、家族や私有財産を認めたアリストテレスであるが、徳ある市民は経済活動に従事してはならないと主張したように、財貨を追求する経済活動に対してあくまで警戒的であった。

政体論

ギリシアの諸ポリスは統一されることがなく、それぞれの国制（ポリテイア）を発展させた。さながら古代ギリシアは、多様な国制の実験場のようであった。この場合、国制とは多様な内容を含む概念である。財を各人の価値に応じてどのように配分するか（アリストテレスはこれを配分的正義と呼び、加害に対する弁償と現状復帰としての矯正的正義と区別した）。公民の範囲をいかに定め、権限のあり方や人事の決定の仕方をどう規定するか。これらを決定する、広い意味での、その国の根本原理や制度こそが国制である。

アリストテレスはこれら諸国制の分類を試みたが、形式面では、支配者の数と統治内容の是非を組み合わせて六政体論を提示している（表1-1）。一人の支配で公共の利益にかなう政体は王政、かなわない政体は僭主政、少数者の支配で公共の利益にかなう政体は貴族政、かなわない政体は寡頭政、多数者の支配で公共の利益にかなう政体は「国制」、かなわない政体は民主政である。ちょっと紛らわしいのは、一般的な概念である「国制」を同時に、多数者支配の中で公共の利益にかなう政体を指すものとして使っている点である。

王政と貴族政は徳ある一人もしくは少数の人物に権力を与える政体であるが、実際にはなかなか難しい。むしろ少数の金持ちによる支配である寡頭政（その閉鎖性ゆえに崩壊）や、多数の貧者による民主政（貧富の拡大により崩壊）が当時のギリシアでも一般的であった。

表1-1 アリストテレスの六政体論

	一人の支配	少数者の支配	多数者
公共の利益にかなう	王政 basileia	貴族政 aristokratia	国制 politeia
公共の利益にかなわない	僭主政 tyrannis	寡頭政 oligarchia	民主政 demokratia

一人の支配でも，他より優れているどころかむしろ劣ったものが，自分の利益のために他を恣意的に支配する最悪の僭主政すらありえた。

となると，アリストテレスが現実に可能な範囲で最善と考えたのは「国制」である。この場合の「国制」とは，寡頭政と民主政を混合したものであるとされる。言い換えれば富者と貧者の対立を調停することに主眼を置いた政体であり，選挙と抽選を併用することが説かれた。また，支配と服従の両方を経験した中間階層の役割が重要とされ，この「中間階層の厚さが政治体制の安定の鍵」という知見は，以後の政治学の常識となっていく。

アリストテレスの政体論は，法や中庸を重視するという点でより伝統的なポリスのあり方に近く，これをソクラテスやプラトンの哲学と架橋したものといえるだろう。

第2章 ローマの政治思想

○ 終身の独裁官に就き，共和政を否定したカエサル（左）と，共和政の理念を維持しようとしたキケロ（右）（左：dpa/PANA，右：Bridgeman Art Library/PANA）。

　政治思想史におけるローマの重要性は，ギリシアに劣らない。やはり都市国家から出発したローマは，決して統一されることのなかったギリシアとは異なり，やがて巨大な帝国を形成するに至った。その違いはどこから生じたのだろうか。ある人は，征服した国家の人々にもローマ市民権を与えた開放性こそが鍵だと論じた。またある人は，王政的要素，貴族政的要素，民主政的要素を巧みに組み合わせた独特な共和政のしくみこそが，ローマの強さの秘密だとした。とはいえ，その共和政は，ローマが地中海を征服する大国家へと成長した結果失われる。キケロをはじめとする理論家たちは，この変化をとらえようと格闘した。他方，ローマ帝国の辺境であるユダヤの地では，イエス・キリストが登場し，貧しい人々に教えを広めていく。やがてキリスト教の影響はローマの中心に及び，ここに地上と天国の二つの国家が正面から対決することになった。

1 ヘレニズムとローマ

ポリス世界の黄昏　古代ギリシアの地に開花したデモクラシーであるが，その全盛期は長く続かなかった。ペルシャ戦争でこそポリス連合軍は団結して戦ったが，間もなく主導的立場にあったアテナイとスパルタの対立が激化し，ペロポネソス戦争が起きたのである。このようなポリス間の内紛が続く間に台頭してきたのが，北方のマケドニアであった。

結局，紀元前338年のカイロネイアの戦いによって，諸ポリスはマケドニアの軍門に下った。それは連合して大勢力になるよりも，最後まで自分たちのポリスの独立とそこでの政治参加を優先した結果でもあった。濃密なポリスの政治共同体は，大帝国の前に敗北したのである。とはいえ，ギリシア人の東方への移住が進んだ結果，古代ギリシア文化はオリエントの広い世界に拡大し，各地の文化と融合することになった。いわゆるヘレニズム文化である。

このことはポリスにとって，政治的な危機にとどまらず，思想的な危機を意味した。古代ギリシアのデモクラシーの前提は，あくまでポリス空間であった。ところが，そのポリスの独立と自由が失われた結果，市民はその活動の舞台を失ったのである。ポリスとはおよそ異質な大帝国の空間の中で，人々はあらためて人間の生きる意味を問い直すことになる。哲学は，非政治的な空間へと向かったのである。

一例をあげればキュニコス学派がいる。古代ギリシア語の「犬」から名称が生まれたこの学派であるが，その指導者シノペのディオゲネスは，社会の慣習的な価値よりも，動物の自然なふるまいを讃

えたという。彼にとってポリスやその法は拘束以外の何ものでもなかった。政治参加に自由を見るよりも，いかに政治の世界から個人の自由を守るかが大切だったのである。この学派から「シニカル」という言葉も生まれたが，彼らは文明の批判者であった。

　第二は，エピクロス学派である。人間にとって真に自然なのは肉体的快楽ではなく精神的快楽であるとしたエピクロスは，苦痛のない魂の平静（アタラクシア）を追求した。何事にもとらわれずに生きるためには，自らの欲望をコントロールし，神や人間についての思索を深めるべきである。単に抽象的に政治制度を拒絶するばかりでなく，自らの内面を陶冶するための外的条件を考察し，新たな非政治的価値を示そうとしたのが，この学派である。

　第三は，ストア派である。その祖ゼノンは，すべての人間は自然の法によって支配される普遍的な世界（コスモポリス）の一員であると主張した。ポリスの政治への参加を阻まれた結果，それをより高度な次元で回復しようとしたといえる。自らの情念を抑制し（アパテイア），世界の摂理に従うことを説いたこの学派からは「ストイック」という言葉が生まれた。また，奴隷も含めた人間の平等と自然法の主張は後世に大きな影響を残した。

共和政ローマの発展

　ここでローマへと目を転じたい。後に大帝国として発展することになるローマだが，出発点においてはギリシアと同じく都市国家であった。古代ギリシア語で都市国家をポリスと呼んだが，ローマの言葉であるラテン語においてはキウィタスといった。これが後の英語の「シヴィル（civil）」や「シヴィック（civic）」の語源になっているように，法や政治の領域における古代ローマの権威は古代ギリシアに劣らない（civil law〈民法〉や civil society〈市民社会〉も，ここに由来している）。

　古代ギリシアにおいて政治とは何かについての理論化が行われた

1 ヘレニズムとローマ　　25

とすれば，ローマにおいてはより具体的で実践的な政治制度をめぐる考察が進んだ。ギリシアのポリスがたえず内部における党派対立による分裂に苦しめられたのに対し，ローマはむしろ多様な特殊利害を競合させながら，一つの制度へと統合しようとしたのである。ここに多元性と普遍性を独特なかたちで媒介する古代ローマの共和政が成立した。

「はじめに」でも指摘したように，このようにして発展したローマの共和政は，以後長く政治的英知の源とみなされるようになる。本書にこれから登場するマキアヴェリやモンテスキューなどは，まさに共和政ローマの歴史を論じることで，自らの政治学を打ち立てようとした。アメリカ合衆国の発足にあたって参照されたのもローマの共和政であり，そのことは上院を Senate（ローマにおける元老院）と呼んでいる点にもうかがえる。

このような共和政ローマの発展の経緯を探るにあたって，大きな導きとなるのが，歴史家のティトゥス・リウィウスの作品『ローマ建国史』（前320年ごろ）である。共和政が終末を迎えた時期にこの本を書いたリウィウスは，共和政の歴史を惜しみつつ，それがいかに成立し，難局と直面する中で発展してきたかを分析している。

ローマは最初から共和政であったわけではない。伝説の建国者であるロムルスから数えて七代目の王であるタルクィニウス・スペルブスが追放されることで，はじめて共和政が成立した。ちなみに共和政を意味する res publica の文字通りの意味は「公共のことがら」である。

ここで重要なのは王の追放後に，いかなる政治制度が採用されたかである。王に代わってローマのトップに立ったのは，二人の執政官（コンスル）であった。選挙で選ばれ，毎年交代する二人の執政官の下，貴族（パトリキ）と平民（プレブス）がそれぞれ構成する元

Key person ④ リウィウス（前59-後17年）

　ティトゥス・リウィウスは，共和政ローマの末期から帝政の初期にかけて活躍した歴史家である。『ローマ建国史』は142巻に及ぶ大著であったが，現存するのは最初の10巻を含む，35巻だけである。後にマキアヴェリは『リウィウス論』（正確には『ティトゥス・リウィウスの最初の10巻についての論考』であり，『ディスコルシ』ともいう）を執筆しているが，夕暮れ時になるとマキアヴェリは服装を正して，書斎にこもってリウィウスの本を読んだという。皇帝アウグストゥスの庇護の下に共和政ローマの歴史を綴った歴史家と，ルネサンス期のフィレンツェで外交を担当した書記官とを結び付けるものは何であったのか。帝政初期に生きたリウィウスは失われていく共和政を惜しんだが，マキアヴェリもまた，共和政フィレンツェでメディチ家が台頭するのを眼前にした。『ローマ建国史』は，狼に育てられたロムルスとレムス兄弟の対決や，王政を倒すきっかけになったルクレティアの陵辱などを今に伝える。

老院と民会の二院制が置かれた。平民は貴族に対して次第に発言権を増し，やがて元老院に対抗するために，平民の権利を擁護する護民官という職を新設することにも成功した。

　このようにローマの共和政の特徴は，あくまでその一体性を維持しつつも，その内部に多様性と対立を組み込み，制度化していたことにある。その内部に競合する社会利益が存在することを認め，これを正当な存在として制度的な表現を与えたのである。また貴族が法知識を独占していたことに対しては，成文法である十二表法が制定され，貴族による法の恣意的な運用が抑制された。

ポリュビオスの混合政体論

　やがてイタリア半島を統一することに成功したローマは，地中海西側の覇権をカルタゴと争うようになる。第一次・第二次・第三次とあわせて100年以上続いたポエニ戦争（前264-前146年）で

1 ヘレニズムとローマ　　27

あるが，途中カルタゴの名将ハンニバルに苦しめられながらも，最終的にローマが勝利する。ローマは地中海周辺の各地に属州をもつ大国となった。

それでは，このローマの拡大をどのようにとらえるべきか。ローマを支えた精神は，逆説的なことにその成功によって損なわれたというのがリウィウスの理解である。貧しい小国であった時代にローマを支えた質実剛健な気風は，ローマが大国化し，属州から豊かな物資が流入することで失われてしまった。このように，あくまで共和政の精神に着目したリウィウスに対し，むしろ制度論に着目したのがポリュビオス（前200年ごろ-前120年ごろ）である。

ローマとマケドニアに挟まれて弱小であったギリシアのメガロポリスの政治家であったポリュビオスは，ギリシア，カルタゴ，そしてマケドニアを征服したローマに，人質として連れてこられた。しかしながら，小スキピオ（スキピオ・アエミリアヌス）の知己を得たポリュビオスは，ローマの政治を観察する機会を得て，ギリシアに帰国した後，なぜローマが短期間に覇権を確立したかを分析した『歴史』を執筆した。

自由な共和国において，あらゆる社会階級は自らの利益を活発に追求する。しかし自己利益の追求が行き過ぎれば，政治的平等を損なってしまう。それでは，政治的自由を損なうことなしに，無秩序を回避することはできないのか。その鍵をポリュビオスは政治制度に見出した。

すなわち，政治体制には王政・貴族政・民主政の三つがあるが，これらは長く続くと腐敗や制度の老朽化により，それぞれ僭主政・寡頭政・衆愚政へと堕落する。人々を抑圧する僭主政は少数の貴族によって打倒されるし，自分たちの利益だけを優先する寡頭政は民衆の蜂起によって打倒される。そして衆愚政に陥った民主政はやが

て独裁者を招き寄せるというように，この六つの政体は永遠に循環を続けるとポリュビオスは主張した。

六政体の堂々巡りを脱することはできないのか。ここでローマ人は，スパルタの伝説の立法者であるリュクルゴスの知恵を借りたとポリュビオスはいう。すなわち，単一の原理に基づく限り，いかなる国制もやがて衰えると考えたローマ人は，執政官・元老院・民会の三つの機関にそれぞれ王政的要素・貴族政的要素・民主政的要素を担わせた政治体制を構築することで，政治の安定を実現した。

アリストテレスもまた寡頭政と民主政を混合させた国制を構想したものの，彼の議論のポイントは富者と貧者の間の均衡にあった。これに対しポリュビオスの場合は，あくまで諸機関の均衡を強調したのであった。ここに確立された混合政体論は，以後の政治論の重要なモデルとなる。逆にホッブズのように，このモデルに挑戦する者も出てくる（☞第5章 **2**）。

ギリシアとローマの違い

ここでギリシアとローマの違いをまとめておこう。同じような都市国家から出発したものの，ギリシアでは統一的な権力は現れず，諸ポリスの併存状態が続いたのに対し，ローマはイタリア半島を統一するのみならず，地中海周辺から東方に至る大帝国へと拡大していった。

その一因は，ギリシアとローマにおける市民のあり方の違いにある。ギリシアの場合，市民の地位は，そのポリスの市民を父にもつ成人男性に限られ，どれだけ長く暮らしても外国人が市民に加えられることはなかった。これに対し，ローマの場合は，征服した国の市民にローマ市民権を与えることで，自らの軍事力を強化していったのである。

このような違いをさらに遡(さかのぼ)れば，それぞれの共同体観へと行き

> ***Keyword*** ④　帝国（empire）
>
> 　帝国とは何か。皇帝の治める国という定義では不十分であろう。というのも，地中海世界を制覇した共和政ローマもまた帝国と呼ばれたのであり，帝国は必ずしも皇帝の存在を前提にしていないからである。帝国という言葉自体は命令権や統治権を意味する「インペリウム（imperium）」からきており，この言葉は後にその支配が及ぶ領域をも意味するようになった（皇帝とは本来，「インペリウムを保有する者」を意味する）。それでは王国（kingdom）と帝国の違いとは何か。王国が他の王国の存在を前提とするのに対し，帝国とは一つの文明の下に統合された世界の全体を意味する。したがって，帝国はその下に多くの民族や国を支配しており，広大な領域を一元的に支配する。逆に，帝国の外部は文明の及ばない野蛮の地とみなされる。ちなみに現在のアメリカ合衆国のニューヨーク州の別名は「エンパイア・ステート」であるが，もちろん皇帝は存在しない。

着く。ギリシア人にとって，市民に重要なのはポリスの政治に参加することであった。高度なデモクラシーを実現したのも，彼らが濃密で閉鎖的な共同体を築いたことと無縁ではない。

　これに対し，ローマでは共和政の全盛期においても，貴族と平民の対立は続いており，ギリシアのように一足飛びにデモクラシーを実現することはなかった。ローマに併合された国の人々も，ローマ市民権を付与されることで一定の法的・社会的権利を保障されたが，ローマの政治に直接参加することはなかった。

　このようにギリシアとローマは，以後の西洋政治思想史に対し，二つの重要な政治モデルを残したといえるだろう。一つは閉鎖的な都市国家のデモクラシーであり，市民による政治参加と自由な決定を重視した。もう一つは開放的な帝国であり，後述するように，普遍的なローマ法の下に異邦の市民を統合し，それをむしろ拡大の原

動力へと転化させた。しかし後世の話をする前に、共和政ローマの終焉と帝政の開始について述べる必要があるだろう。

2 帝政ローマの政治思想

帝政への移行　都市国家から出発したローマはイタリア半島を統一し、さらには地中海周辺地域を支配下に収めた。ローマは、この地域に暮らす多様な人種や民族、宗教を包括する統一的な世界を作り上げたのである。ローマの支配権 (imperium) が及ぶ範囲を指す言葉であった Imperium Romanum は後に、ローマ帝国を意味するようになった。

とはいえ、ローマが拡大したことは、その社会のあり方にも影響を及ぼすことになる。まず、征服戦争に動員されたのは小規模の土地をもつ農民たちであった。しかしながら、出兵期間が長期化するにつれて彼らは窮迫し、土地を有力者に売り渡して無産階級に没落していった。このことに危機感を覚えたグラックス兄弟は農地改革を進め、新たな土地の再配分をめざしたが、性急な改革は失敗に終わった。

無産階級になった市民はやがて、武器を与えられて給与を支給される志願兵になっていく。彼らは、退役後も庇護してくれる将軍たちに依存するようになり、最終的には国家よりも将軍自身に忠誠を誓うに至る。有力政治家たちは庇護民を私兵化して武力抗争を展開し、とくに名門貴族たちの門閥派に対し、「新人」と呼ばれたマリウスが民衆派を結成して以降、両者の対立はローマを深く分断することになった。

他方、市民権をもつ住民が飛躍的に拡大した結果、ローマの民会

は事実上,最高議決機関として機能しなくなる。イタリア半島の外でローマが獲得した土地は属州と呼ばれる行政組織に再編されたが,属州で力を蓄えた政治家たちは元老院とも対立するようになっていった。このような共和政の危機の時代に台頭したのが,ユリウス・カエサルである。

ガリア遠征(前58-前51年)の成功で声望を高めたカエサルは,紀元前45年,兵を率いてルビコン川を渡った。カエサルは有力政治家間の抗争に勝利し,終身の独裁官となる。このことは一面から見れば,権力を一身に集めて独裁を行うことで,空洞化し形骸化した共和政に代わって,ローマを分裂から救ったことになる。とはいえ,共和政を支持する人々にとってみれば,カエサルは共和政の存続を脅かす存在であった。

紀元前44年,カエサルは共和政を支持するブルートゥスらによって暗殺されたが,彼の後継者となった養子のオクタウィアヌスは内乱を終息させ,元老院から「アウグストゥス」という尊称を受けた。紀元前28年にアウグストゥスは,「第一人者,元首」を意味するプリンケプスとなり,ここにローマは実質的に帝政へと移行していった。

キケロ

このような時代の転換点を生きた政治家であり,時代を代表する知識人であったのがマルクス・トゥッリウス・キケロである。カエサルの同時代人であったキケロは,名門の生まれではなかったが,自らの弁舌の力で次第に頭角を現し,最終的には執政官の地位にまで上り詰めた。

とはいえ,彼が再建しようとした共和政の理念は,すでに過去のものになりつつあった。有力政治家たちの対立に振り回され続け,カエサルの台頭を抑えることができなかったキケロは,やがて失脚し,最後は非業の死を遂げた。にもかかわらず,彼の『国家につい

Key person ⑤　キケロ（前106-前43年）

　紀元前1世紀のローマを生きた政治家であり，知識人でもあったキケロは，その後の西欧文化を貫く一つの精神的な背骨ともなった。本書で繰り返し述べるように，西欧文化は過去からの積み重ねの上に成り立っている。ルネサンスがフランチェスコ・ペトラルカ（1304-74年）によるキケロの再発見によって幕を開けたように，キケロはつねにその中心的人物であった。修辞学の伝統はキケロとともにあり，古典古代の文化を復興しようとした人文主義者たちは，競ってキケロの文献を探し求めた。キケロの伝記は，新たな文献の発見とともに，繰り返し書き換えられ，その書き換えは今日もなお続いている。その生きた時代においては，有力政治家たちの角逐(かくちく)に翻弄され，その思いも虚しく共和政の終焉を眼前に暗殺されたキケロであるが，思想的影響という意味では不朽の存在になったのである。明治以来，古代ギリシアにあこがれ，ローマをやや不当に扱ってきた日本の知的伝統においても，近年変化が見られる。

て』（前51年ごろ）『法律について』（前52-前43年ごろ）『義務について』（前44年ごろ）などの著作は，後世に多大な影響を及ぼした。

　キケロの政治思想は，ローマの政治的伝統を継承しつつ，これをヘレニズムにおけるストア派の思想と結び付けるものであった。『国家について』においてキケロは，国制論の比較検討を行った上で，基本的にはポリュビオスの線に沿ってローマ史を再解釈する。そのねらいは，あくまで共和政の理念を維持することにあった。

　しかしながら，そのような伝統が今や失われつつあることを自覚するキケロは，これをストア派の自然法思想によって補強しようとする。それが『法律について』の課題であった。宇宙全体を支配するのが自然法であるが，人間は理性によってこれを認識することができる。理性を媒介に人は神と結び付くのであり，個々の国家ではなく，全人類を包括する理性の共同体こそが法や正義の基盤となる

> ***Keyword*** ⑤　共和政（republic）
>
> 　今日，共和政を辞書的に定義するならば，世襲の君主を戴かない政治体制ということになるだろう。その意味でいえば，君主が存在しない限り共和政ということになり，貴族の存在と矛盾しない。実際，ローマの共和政において最後まで貴族の力は強く，元老院の役割も大きかった。とはいえ，共和政の概念には，より複雑な含意が込められている。その語源が示すように，共和政とは res publica（公共のことがら）であり，君主などの特殊な利益ではなく，あくまで公共の利益が支配する政治体制であるとされた。またポリュビオスが分析したように，ローマの共和政は，執政官（王政的要素を体現），元老院（貴族政的要素を体現），民会（民主政的要素を体現）からなる複雑なものであった。その建国にあたってアメリカ合衆国では，ローマの共和政が強く意識され，現在でも二大政党の一つが共和党を名乗っているように，民主政と微妙に異なる共和政の含意が保持されている。

とキケロは説いた。

　理性の共同体と現実の法や正義が断絶的に論じられがちであった前期ストア派に対し，キケロは両者を結び付けようとした。人間には正義を実現する能力が内在するのであり，それを目に見えるものにするのが政治家である。道徳なくして共和政は存続せず，共和政なくして道徳は実現できない。キケロは，あくまでストア派的共和主義者であった。

　その意味で国家（res publica）とは，法や正義についての合意と公共の利益に基づく人的集合であり，このような条件を充たさない国家は，夜盗の群れと違いはない。とはいえ，現実のローマが暴力に満ち満ちた状態であることは，キケロ自身百も承知であった。それでもキケロは永遠の自然法の視点から現実の実定法を論じ続けたのである。

市民の直接的な政治参加を重視したギリシアのデモクラシーに対し、ローマの共和政では、法を通じての社会参加が重要であった。キケロの考えもまた、このようなローマにおける法的参加の理念を示したものである。ローマの共和政はまさにローマ法の発展とともにあったが、そのローマ法は、ストア派のコスモポリスと自然法の発想とが結び付いて発展したのであった。

タキトゥス

　結局、キケロらの努力にもかかわらず、ローマの共和政は終焉を迎えた。アウグストゥスによる元首政が開始した後も、元老院など共和政の諸制度は残っていたが、実質的には皇帝に権力が集中していった。この後次第にローマはオリエント的な支配へと近づき、市民が皇帝に隷従する専制政治へと変化していく。

　このような変化を最もよく示すのが、歴史家のコルネリウス・タキトゥス（56年ごろ-120年ごろ）の著作である。属州であるガリアに生まれながら元老院を経て執政官にまでなったタキトゥスは、当時のゲルマン人の姿を描いた『ゲルマニア』（98年ごろ）を執筆するとともに、『年代記』（109年ごろ）や『同時代史』（105-108年ごろ）などの歴史書において、同時代のローマの皇帝政治の姿を赤裸々に描いている。

　タキトゥスが示すのは、帝政への移行によって、いかにローマ人が変わってしまったかである。ここで変化したのは、いわばローマ人の政治的な価値観であった。共和政の中核にあったのは、自由の理念であった。政治に参加して、自由に発言することこそ、ローマ市民の誇りであり、自尊心の源であった。

　しかしながら、そのような誇りや自尊心は今や失われてしまった。皇帝の権力の下で、人々は軟弱になり隷従に甘んじるようになった。そもそも、長く続く内乱期に、ローマ人は共和政や自由よりも平和

を選んだのであり、ここに政治における中心的価値が変わったとタキトゥスは考えた。

タキトゥスは、このようなローマ人と対照的なものとしてゲルマン人の姿を描き出す。平和よりも戦争を好むゲルマン人は勇敢であり、質素に生活して金銭欲をもたない。王は世襲ではなく、特定の家柄から選挙される。しかもその権力は絶対的ではない。むしろ戦闘に参加するすべての部族のメンバーが参加する会議こそが、重要な決定を行った。

このようにゲルマン人を描くタキトゥスの脳裏には、かつての共和政ローマの姿があったはずである。むしろ共和政ローマに対する彼のノスタルジーこそが、ゲルマン人の描写にも反映されていると見るべきであろう。タキトゥスの目には、自由の担い手は今やローマからゲルマンの森へと移りつつあると映ったのである。

タキトゥスの著作の多くはその後失われたが、ルネサンス期のヨーロッパで再発見され、以後、多くの政治思想家や歴史家に読まれることになる。彼が描いた冷酷な政治の現実は、彼が描いた「自由な」ゲルマン人の像とあわせて、ヨーロッパ人の政治認識や自己認識に多大な影響を及ぼしたのである。

セネカ

中期ストア派を代表するのがキケロであるとすれば、後期ストア派を代表するのは哲人政治家ルキウス・アンナエウス・セネカ（前4年ごろ-後65年）である。元老院議員となり、その弁舌で知られたセネカは、同時に、暴君として悪名高い皇帝ネロの幼少時の家庭教師であった。即位当初のネロをよく補佐し、影響力を保持したセネカであるが、やがて放縦に走ったネロを止めることができなくなり、むしろ疎まれて政界を引退し、最後は自殺を命じられた。

このようなセネカにとって、自然法が支配する宇宙と、現実のロ

ーマの政治との距離は，キケロ以上に大きなものとなった。結果として，セネカの思想においては脱政治化した知的貴族主義の色彩が濃くなる。もはや元首政の現実は厳然として存在し，動かし難い。現実のローマの政治を変える道筋も見出せない。そのことは皇帝の側近であったセネカにとって，とくに痛切に感じられるものであったろう。

そのような状況にあって，ストア派の哲人としていかに生きるべきか。『生の短さについて』『心の平静について』（ともに50年ごろ）をはじめとする彼の道徳的考察は，このような彼の苦衷の中で構想されたものである。セネカの著作は，モンテーニュやディドロなど，後の多くの思想家にも愛読された。

セネカは，自然の秩序と目の前の国家を二元論的に考えたが，それを示すのが彼の「神の国」と「人の国」という区別であった。賢人の名前にふさわしい優れた人々の集まりが「神の国」なら，現実に存在するのは「人の国」である。かつて黄金時代には欲望や罪を免れていた人間であるが，やがて堕落し，私有財産と権力を求めるようになった。

悪徳と欲望が募った結果，それを抑えるための権力や法が必要となる。国家はまさにその産物であった。アリストテレスなど，古代ギリシアの思想家たちがまさに人間性の実現する場所として描いた国家，そしてキケロが法と正義，そして共通善によって定義した国家は，ここに人間の悪徳に根拠をもつ必要悪にまで引き下げられたのである。

セネカが人間に求めた徳目は慈悲，同情，親切である。かつてローマ人が重視した勇気といった軍事的徳目は姿を消している。ネロの側にいたセネカにとって，せめてこれらの徳目をもって統治にあたってほしいというのが正直なところであったのだろう。

2 帝政ローマの政治思想

ちなみにセネカの議論は，現実の国家を人間の罪の産物とみなし，そこに積極的な価値を見出さないという点において，むしろキリスト教に近づいている。あるいは，このように政治の価値が低落し，現実世界の外部に人々が救済を求めるという時代の精神的土壌の上に，キリスト教の影響力が拡大したというべきであろう。

3 キリスト教の誕生

ユダヤ教という起源　ローマが元首政へと移行して間もない時期，ローマ帝国の周辺部ユダヤの地で，キリスト教が誕生した。ガリラヤと呼ばれた地域で活動した「ナザレのイエス」という人物を救済者とみなす人々が生み出したこの宗教は，やがてユダヤ人共同体の枠を越えて拡大し，ローマ帝国の国教となっていった。

それでは，すでにヘレニズムやローマの文化が浸透していたこの地域において，それとは全く異質な起源をもつキリスト教は，どのようにして人々の心をつかんでいったのであろうか。このことを考える上では，キリスト教の母胎となったユダヤ教について，振り返っておく必要がある。

ユダヤ教の聖典である『旧約聖書』によれば，カナン（パレスチナ）の地に入った遊牧民の族長であるアブラハムは，神の祝福を受け，民族の繁栄を約束される。その孫であるヤコブは，この地を彼と子孫に与えるという約束を神と交わし，イスラエルと改名した。

しかしながら，エジプトに移住したユダヤの人々はこの地で迫害を受け，指導者モーセに率いられてエジプトを脱出する（出エジプト）。父祖に約束されたカナンの地をめざして砂漠をさまよった彼

らは，やがて自分たちは唯一の神ヤーヴェとの契約を交わした選ばれた民であるという自覚をもつに至った。

ヤーヴェから授かった十戒を守ることで，神はユダヤ人を守ってくれる。このような独特な「神との契約」の思想は，ヤーヴェ以外の神的存在をいっさい認めない一神教という側面とともに，以後のユダヤ教の大きな特色となった。

とはいえ，その後のユダヤ人の足跡を見れば，神との約束は裏切られ続けたともいえる。ダヴィデ王やソロモン王の時代に黄金時代を迎えたイスラエル王国は，後に周辺の大帝国による侵略を受け，南北に分裂した。やがて捕囚として移住を強制されるなど（バビロン捕囚）苦難を経験した後，135年に最終的にはローマ帝国の植民地となって滅亡したのである。

祖国を失い，ディアスポラ（四散）を経験したユダヤの人々は，このような苦難にもかかわらず，むしろそれを神が与えた試練として受け止めた。神との約束を忘れないことこそがユダヤ教の精神的中核となっていったのである。

このようなユダヤの神が民の倫理的堕落を厳しく弾劾し続ける「義の神」であったのに対し，イエス（前4年ごろ-後30年ごろ）が説いたのは，人々に救いの手を差し伸べる「愛の神」であった。

イエスの出現

『新約聖書』において，四福音書と呼ばれるマタイ，マルコ，ルカ，そしてヨハネによる福音書は，それぞれにイエスの生涯，死，そして復活を記録しているが，その視点は微妙に異なっている（これらが「正典」として『新約聖書』に編纂されるまで，数世紀を要した）。ソクラテスと同様イエスもまた，その弟子たちによってのみ言行が伝わっている。

イエスが批判したのは，ユダヤ教の律法主義である。当時，ユダヤ教においては律法学者やパリサイ人と呼ばれる人々の指導の下，

3 キリスト教の誕生

厳しい倫理的徳目の遵守が重視されていた。しかしながら、神による救いにおいて重要なのは、律法を守ることではなく、むしろ、自らの行いを悔い改め、神による赦(ゆる)しを求めることではないか。イエスはそう主張した。

結果として、イエスの教えは、律法を守りたくても守ることのできない、被差別民を含む庶民に受け入れられた。ユダヤ教の律法中心の宗教体制から疎外された人々にこそ、イエスは布教活動を行ったのである。自らは正しい行いをしており、汚れとは無縁であるとうぬぼれている人々よりも、むしろ自らの罪を自覚する貧しい人々こそが救われるとイエスは説いたのである。

このようなイエスの教えをよく表しているのが「善きサマリア人」の話である。あるユダヤ人が旅の途中で強盗に襲われ、傷ついたまま放置された。ユダヤ教の聖職者であるラビですら見捨てたこのユダヤ人を介抱したのは、当時ユダヤ人に差別されていたサマリア人の商人であった。自らもまた苦しむ者として、目の前にいる見捨てられた人の苦しみを感受し、ともに担おうとしたこの精神こそが、イエスの説いた「隣人愛（アガペー）」であった。

このようなイエスの活動は当時のユダヤ教の指導者たちの目には危険なものに映った。エルサレムへと向かったイエスは、やがてローマ帝国への反逆者として十字架にかけられ処刑される。しかしながら、このことは逆に、イエスこそが神の子であるという信念をその信者の中に生み出した。神の子であるイエスは、人々の罪を一身に背負って処刑され、復活した。この信念こそが、キリスト教を生み出したのである。

ユダヤ教の神と同じく、イエスの神もまた人格神であった。しかしながら、ユダヤ教の神があくまで選ばれた民であるユダヤ人を救済するものであったのに対し、イエスの神にとって、民族の違いは

無意味であった。ヘレニズムが普遍主義的な傾向をもっていたのに似て、キリスト教もまた、現実の政治秩序の枠組みを否定したのである。イエスの教えはむしろ底辺の人々に精神的なエネルギーを与えた。

パウロ

このようなイエスの教えをユダヤ人の共同体を超えて、広く地中海世界に伝えるとともに、初期のキリスト教会の発展の基礎を据えたのがパウロである。パウロは各地の教会に直接おもむき、また信徒に手紙を書くことで指導的な役割を果たした。

パウロはローマの市民権をもつユダヤ人であり、もともとはパリサイ派に属する熱心なユダヤ教徒であった。それゆえ、律法を守らない罪人でも救済されるとしたイエスの教えは許し難く、初期のキリスト教徒の迫害者の一人でもあった。しかしながら、後に回心したパウロは「このような自分にもキリストは現れた」として、律法の遵守ではなく、全人類の罪を贖って死んだイエスを信じることによってのみ救済されると説くに至った。

このようなパウロが、キリスト教の伝統に加えたのが原罪の思想である。この思想によれば、人間は肉欲に囚われた罪深い存在であり、自らの力では救済へと辿り着けない。人間に唯一残されたのは、神の愛を素直に受け入れることだけである。ここにおいて、ストア派などヘレニズムの思想に見られた自力主義は明確に否定された。

「もはや、ユダヤ人もなく、ギリシア人もなく、奴隷もなく、自由人もなく、男もなく、女もない」（「ガラテア書」）と訴えたパウロによって、キリスト教は世界宗教への道を歩むことになる。とはいえ、このことはローマ帝国との間に複雑な関係をもたらした。

一面において、ローマ市民権をもつパウロが各地で布教を行ったことに示されるように、ローマ帝国によって実現した古代普遍世界

Key person ⑥ パウロ (?- 65年ごろ)

　パウロはイエスの直接の弟子ではなかったが，いわば「死後の弟子」として活躍した。もし彼がいなかったらキリスト教の歴史は大きく違っていたかもしれない。それほど初期のキリスト教会において大きな影響をもったパウロであるが，最初はキリスト教の迫害者であった。厳格なユダヤ教徒の家庭に生まれたパウロは，その生真面目な性格もあって，初期のキリスト教会に対し激しい敵意を抱いた。ところがダマスコに向かう途中，突然イエスの声を耳にしたパウロは，凄まじい光によって失明してしまう。やがて自分の使命が，ユダヤ人の枠を越えてイエスの教えを広く知らしめることにあると自覚したとき，目から鱗のようなものが落ちて視力を取り戻したという（ここから「目から鱗」という言葉が生まれた）。各地のキリスト教会に伝道し，異邦人への布教活動を続けたパウロは，最後はローマで処刑された。死後に彼の書簡は編集され，『新約聖書』の重要な一部分となっている。

の存在こそが，キリスト教拡大の現実的基盤であった。古代世界におけるグローバリズムが，キリスト教の拡大を後押ししたのである。

　他方，ユダヤ教の神がユダヤ人の神にとどまる限り，ローマの神々と競合することはなかったのに対し，キリスト教の神の普遍性の主張は，ローマ帝国の秩序との間に緊張をもたらした。結果として，教会と国家との関係が重要な思想的課題となっていった。

　この課題に対しパウロは，この世のあらゆる権威は神によって打ち立てられたとする。それゆえ世俗の権力もまた神に発するものであり，キリスト者はこれに従わなければならない。「ローマ人への手紙」において説かれたこの考えは「受動的服従」と呼ばれた。

　これに対し，「カエサルのものはカエサルに，神のものは神に」（『マタイによる福音書』）というイエスの言葉に従い，神の権威と政治権力の権威を別とみなす考え方もあり，キリスト教における政治

Keyword ⑥　平等（equality）

アリストテレスは「等しいものを等しく扱う」ことを正義の本質とみなす一方で、人間にはその本性において奴隷がふさわしい者もいるとして奴隷制を擁護した。古代ギリシアのポリス世界においては、たしかに平等が強調されたが、その場合の平等とは市民間に限られるものであった。奴隷の存在はあくまで自然なものとされたのである。その後、ストア派の哲学者は奴隷を含めた人間の平等を説いた。ポリスという活躍の場を失った彼らは、その代償として、自然法とすべての人間の平等という理念を手に入れたのである。とはいえ、ストア派の平等はあくまで知識人の理念というレベルにとどまった。これに対し、初期キリスト教会は神の前の人間の平等を、より具体的な教団の諸活動において実現したといえるだろう。これら平等の諸構想は、さまざまなかたちにおいて近代の政治理念・運動へとつながっている。

権力の理解は一つではなかった。

　ただし、パウロの考えは単なる服従の肯定ではなかった。その前提には、現世を超えた宗教的意味と、目の前にある現実との間における緊張感が存在したのである。

初期キリスト教徒の共同体

このようにキリスト教徒の共同体は、その初期においてすでにユダヤ民族の枠を超え、出身地や階層において同質的ではない集団であった。この集団を支えたのは非政治的な一体化・連帯の原理である愛（アガペー）である。古代ギリシア語には、性愛を意味するエロスや、友愛を指すフィリアがあったが、これらとは異質な、神の人間に対する愛、人間相互の隣人愛がアガペーであった。

　キリスト教徒は、自らの集団を「キリストの体（corpus christi）」と呼んだ。イエスが人類のために自らを犠牲にしたように、「聖餐（コミュニオン）」の秘蹟（サクラメント）を通じて、他の構成員と愛

3　キリスト教の誕生　43

の関係に入り，新たな共同体の一員になると考えたのである。

　このようなキリスト教徒の共同体にとって，究極の目的は時間と空間の彼方にある救済であった。その意味では，あくまで現世における人間性の実現をめざした古代ギリシア的な価値観とは正面から対立する考え方である。初期のキリスト教徒は，自分たちを政治秩序の外にある存在とみなした。

　しかしながら，時間が経つにつれて，最初は仮のものと考えていたこの世について，キリスト教徒としても，それなりに意味づける必要が生じてくる。最後の審判の日が，すぐに来るわけではない。そうである以上，中間時における世俗秩序の役割を単に否定的に論じているだけではすまなくなったのである。

　しかも，キリスト教がユダヤ教から引き継いだ一神教という考えは，独特な現世観をもたらした。それまでの多神教において，現世は神々が遍在する聖なる秩序であった。これに対し，キリスト教的な一神教において，世界はすべて神の被造物であり，神が創造した現世に，人間は他のすべての被造物とともに残される。

　このことは人間に独特な責任を与えることを意味した。この世のことは，人間の責任である。その意味で，この世に生きるキリスト教徒は，現世を超えた意味との関係において，現実の秩序に向き合わなければならなくなった。現世における道徳や社会的紐帯を，信仰の見地から再検討する必要に迫られたのである。

　このようなキリスト教の影響の下，以後の西洋政治思想史においては，政治を，それとは全く別の価値体系，いわば非政治と対照してとらえる思考法が定着する。結果として，古代ギリシアに起源を発する政治と，キリスト教的な流れに由来する非政治との緊張に満ちた関係こそが，以後の思想の展開の主旋律となっていったのである。

4 アウグスティヌス

論争の生涯　現世を超えた価値を求めたキリスト教であるが，皮肉なことに，その信徒の数が増大するにつれ，世俗の秩序にとっても無視し難い存在になっていった。初期にはキリスト教徒を激しく迫害したローマ帝国も，やがて融和的な姿勢を見せ，国教化するに至る。

とはいえ，キリスト教の現世に対する態度は，本来緊張感に満ちたものであった。教会の秩序と世俗の秩序はやがて，互いに独自の正当性を主張しながら競合していく。両者の関係こそが以後の政治思想にとっての最大の焦点となるが，この議論の展開にあって決定的に重要な役割を果たしたのが，アウグスティヌスである。

アウグスティヌスが生きたのは論争の生涯であった。ただし彼が，最初から熱烈なキリスト教徒であったわけではない。アウグスティヌスは後に『告白』(397-400 年) を書いて自らの人生を振り返っているが，元々はキリスト教に対してむしろ否定的であった彼が，迷いの後に回心したことを，神の恩寵に導びかれた結果として描いている。

アウグスティヌスが批判したのは，まずペラギウス派である。パウロが原罪を強調したように，キリスト教の正統的立場からすれば人間が自力で救われることはない。これに対しペラギウス派は，神は善なるものとして人間を創造したのであり，それゆえ人間は善行を積むことで救済へと至ることができると説いた。このようなペラギウス派の主張は，ストア主義の流れを汲むものであると同時に，幼児洗礼を否定したことにも見られるように，人間の自由意志を強

Key person ⑦　アウグスティヌス（354-430年）

　古代キリスト教の代表的な教父の一人であるアウグスティヌスは，アフリカに生まれ，後に侵入したヴァンダル族に包囲される中，ヒッポの司教としてその生涯を終えた。ローマ・カトリック教会の基礎を理論的に定めるとともに，マルティン・ルターら宗教改革者にも大きな影響を与えた思想家，神学者である。彼の『告白』によれば，若いころにはローマで放蕩生活を送ったり，マニ教に傾斜したりするなど，キリスト教からは遠い生活を送ったようである。にもかかわらず，回心後のアウグスティヌスは，ペラギウス派やドナティストとの論争に参加するなど，制度としてのキリスト教会の神学的・哲学的基礎の確立に貢献した。異民族の侵入を招いたのは，古くからのローマの神々を見捨て，キリスト教に走ったからではないか，というような批判に対して敢然と答えたのが大著『神の国』であった。ここで彼は世俗の秩序と教会秩序という二元的秩序を包括的に意味づけた。

調するものであった。

　これに対しアウグスティヌスは，あらためて神の全能と人間の無力を強調した。若き日に迷いの日々を過ごしたアウグスティヌスにすれば，信仰をもつことでさえ神の恩寵であり，自らの善行によって救済されるという考えは傲慢にほかならなかった。

　次なる論争相手はドナティストと呼ばれた人々である。彼らが問題にしたのは，棄教者・背教者による秘蹟の有効性であった。キリスト教の教えに一度でも反したことのある聖職者による儀式——たとえば洗礼——は無効ではないか（人効説）。ある種の宗教的厳格主義の立場から，ドナティストはこのように主張した。

　これに対しアウグスティヌスは，秘蹟の有効性はそれを執り行った聖職者によるものではないとして，人効説を否定した。彼によれば重要なのは制度としての教会であり，聖職者はその手段にすぎな

い（事効説）。アウグスティヌスの目には，ドナティストの考えはあまりに聖職者個人の信仰を重く見るものであり，人間の思い上がりの産物に映った。

神の国と地の国

このようにキリスト教をめぐる論争に敢然と加わったアウグスティヌスの主著が『神の国』（413-426年ごろ）である。ちなみに「神の国」は「地の国」と対照されるが，直ちに教会と世俗的権力を指すわけではない。アウグスティヌスによれば，この世には，「神を中心として霊に生きる人々」と「自己を中心に肉に生きる人々」とが混在している。前者は救われ，後者は救われないが，どちらに属するかは最後の審判まで人間にはわからない。

このような議論は，初期のキリスト教徒には不要のものであっただろう。彼らの数は少なく，信仰による団結こそが重要であった。これに対しキリスト教徒の数が増大し，ついにはローマ帝国の国教になるに及んで，等しくキリスト教徒といっても，その中に多様な人々が混じるようになった。いわば「神の国」と「地の国」とが，見分け難いかたちで併存しているのが，現世ということになる。

このような現世において，教会と国家はいかなる役割を果たすべきか。アウグスティヌスは，神と人間とを媒介するものとしての教会が不可欠であると考えた。対して，国家は何のために存在するのか。ここで彼は，有名な国家強盗団説を展開する。

国家と強盗団はどこが違うのか。強盗団もまた人間の集団であり，親分の命令によって支配され，そこには仲間同士のルールがある。人間の欲望や罪がなくなるわけではない以上，秩序を維持するためには，つねに強制力が不可欠であり，国家の存在理由もそこにある。国家は，堕落した人間のための「罰と罪の矯正」のための存在であるというのがアウグスティヌスの考えであった。

このような立場から，アウグスティヌスは次のようにキケロに反論する。キケロは国家とは法についての合意と共通の利益によって結ばれた集団であるとしたが，法や利益は「本当の正義」，すなわち神と人間の正しい関係なしにはありえない。したがって現実に存在する国家は，ローマも含めて，あくまで秩序維持のための強制力にすぎない。

ここで重要なのは，アウグスティヌスがキケロに反論する一方で，国家の存在意義を全く否定しているわけではないということである。すなわち，現世が悪徳と罪に満ちている以上，国家には一定の存在意義がある。国家はいわば必要悪なのであった。

アウグスティヌスの国家は，堕落した人間への強制力として存在する。このような国家像は，人間の自己実現のために不可欠な倫理的共同体であるとしたプラトンやアリストテレスはもちろん，法と共通の利益を重視したキケロとも異なるものであった。

自由意志と悪

すでに指摘したように，人間の自由意志を強調するペラギウス派に対して，アウグスティヌスは神の全能を説いた。しかし，もし神が全能であるならば，なぜこの世に悪が存在するのか。キリスト教においてこの問題は「神義論」と呼ばれるが，これに古典的な回答を示したのもアウグスティヌスである。

ちなみに若き日にアウグスティヌスが傾斜したマニ教においては，この世に存在する悪を説明することは，はるかに容易であった。マニ教の特徴は善悪二元論にあり，この世界では光と闇とが相争っていると説く。それゆえに，光の神が強ければこの世には正義が優位するが，闇の神の力が増せば悪がはびこることになる。

これに対しキリスト教においては，すべての被造物は神の創造による。そうだとすれば，なぜ神はこの世の悪を許すのか。あらゆる

罪や悪徳の存在は、神の創造の不完全さを示すのではないのか。このような疑問がどうしても生じてしまうのである。

この問題に答えるためにアウグスティヌスが執筆したのが、『自由意志について』である。善悪二元論は人間を無責任にするとして退けるアウグスティヌスは、神の全能をあくまで肯定しつつ、悪の原因をむしろ人間の自由意志によるものだと主張する。すなわち、悪とは人間が自らで選んだものにほかならないというのである。

人間の原罪を説明するために、知恵の実を食べてしまったアダムとイブが、エデンの園を追放されたという話がもちだされる。アウグスティヌスによれば、これはアダムが自らの自由な意志で、神に逆らうことを選んでしまったことを意味する。つまり、結果として生じた災難はアダムの自己責任というわけである。

古代ギリシアであれば、人間が出合うさまざまな苦難は運命を意味した。そのような苦難はどれほど深刻なものであれ、人間の力の及ばないところで決定されている。これに対し、アウグスティヌスの考え方に従えば、問題はすべて人間の罪から生じることになる。ある意味で、個人の内面性にきわめて大きな比重が置かれることになったのである。

このようなアウグスティヌスの考え方は、以後の西洋思想史に重大な影響を与えた。なぜなら、アウグスティヌスは個人の自由とその責任という問題設定を明確に打ち出したからである。人間は善悪のいずれをも選択することができる以上、すべては必然ではない。強調されたのは、あくまで人間の自由であった。

しかしながら、その自由は「何を選んでもいい」というような相対主義ではなかった。悪を選んでしまえば、それは人間の責任である。神を恨むわけにはいかない。神は人間の行動をすべて命令するのではなく、あくまで選択の自由を与えたからである。人間はこの

Keyword ⑦　**自由意志**（free will）

　人間の行為，とくに善悪にかかわる行為の選択について，そこに人間の自由な意志が働く余地があるのか，それともすべては必然であるのか。この問題をめぐって古代から現代に至るまで，無数の議論が展開されてきた。とくにキリスト教の伝統においては，人間は自らの意志によって正しい生活を送り，そのことによって救済されるのか，あるいはむしろ，あくまで神の恩寵なくして救済はありえないのかが問題となった。この点についてアウグスティヌスは，必ずしも自由意志と恩寵は矛盾しないというかたちで古典的な答えを示した。しかし，以後もこの議論はやむことがなかった。近代においても，あらゆる現象は過去未来を通じて因果的必然性によってすべて決定されているのか，またそのような決定論と個人の自由とは両立しうるのかをめぐって論争が続いた。このように神学や哲学において重要なテーマであった自由意志論は，近代刑法における責任と刑罰をめぐる考え方にも多大な影響を与えた。

自由を使いこなさなければならないし，そこにこそ人間が生きることの意味もある。

　自由こそが人間の最も本質的な条件であり，しかもその自由を通じて，人間は善へと到達しなければならない。このような自由論とある種の目的論の結合こそが，後世に多大な影響を残したのである。

キリスト教における時間

　最後に，キリスト教における独特な時間のイメージについてふれておきたい。ヘブライ的（ユダヤ教的）伝統につながるキリスト教において，時間には明確な始まりと終わりがある。すなわち，世界は天地創造とともに始まり，イエスの復活と最後の審判によって終わる。この終末のときにキリスト教信者は救済されるのである。

　このような時間感覚は目的論的なものである。歴史は無限に循環を繰り返すという古代ギリシア的な時間感覚とは明らかに異質であ

るが，近代の時間感覚のように，均質な時間が無限に続くというわけでもない。あくまで明確な始まりと終わりがあり，それが神による創造と終末というように，宗教的に意味づけられているのが特徴である。

古代ギリシアにおいて重視されたのは「不死」という観念であった。人間はいつか必ず死ぬ。しかしながら，政治や軍事などの場において活躍することで，人々に長く記憶され，語り継がれることで不朽の名声を得ることも可能である。

これに対し，キリスト教にとっては世俗の時間は救済とは無関係であった。キリスト教を信じる人間にとって大切なのは，この世を超えた「永遠」の価値であり，それは歴史とは無縁であった。その意味で，キリスト教の時間感覚を前提にすれば，およそ政治を語り，意味づける余地は大きくないように思われる。

たとえばローマの哲学者であるボエティウス（☞ *Key person* ⑧）は，その著作『哲学の慰め』の中で次のように述べている。政治史とは人間が運命に弄ばれるだけの歴史である。不確実性の中を生きる人間のもつべき徳は，哲学と信仰によって神の摂理を知るために努めることにある。

しかしながら，その後のキリスト教の歴史を見るならば，意外なことに，終末論こそが政治史と独特な結び付きを示すようになる。終末がいつ訪れるのかという関心から，終末論の預言を世俗の出来事に読み込む傾向が現れたのである。この文脈において，終末がついに到来し，神がこの世を直接統治するときがきたと主張する，急進的な千年王国論さえ登場した。ある意味で黙示録は，世俗の政治史復活への道を切り開いたのである。

第3章　中世ヨーロッパの政治思想

○スコラ哲学を代表する神学者トマス・アクィナス（中央）
(Bridgeman Art Library/PANA)。

　繁栄を誇ったローマ帝国もやがて東西に分裂し，とくに西ローマ帝国は異民族による侵入によって短命に終わった。その土地にはやがて，ゲルマン民族の諸国家が興亡することになる。フランク王国のカール大帝による征服と文明復興の運動にもかかわらず，以後，二度とこの地に政治的統一はもたらされなかった。にもかかわらず，東ローマとイスラムに挟まれたこの地域は，後にヨーロッパと呼ばれることになる。文明の一体性はいかに保持されたのだろうか。ポイントはカトリック教会にあった。結果として，世俗権力と教会秩序の間の緊張が，以後長く，ヨーロッパの政治思想史の主題となる。トマス・アクィナスにおいて頂点を極める中世哲学は，イスラム世界を通じて継承された古代の知と，ヨーロッパ世界の抱えたこの二重性に対する回答でもあった。ところが，カトリック教会に支えられたヨーロッパ世界の統一性はやがて失われていく。そのとき何が起きたのかをみていこう。

1 ヨーロッパ世界の成立

古代―中世―近代？ 395年に東西に分割されたローマ帝国は、その後二度と統一されることはなかった。とはいえ、このうちとくに西ローマ帝国は、476年に早くも滅亡した。古代地中海の統一的世界は、ここに終焉を迎えたのである。

そこで問題になるのが、歴史における時代区分である。世界史においては「古代―中世―近代」という三分法が長らく使われてきたが、このような三分法は現在ではかなり相対化されている。これに対し、歴史の転換点としてはむしろ、古代地中海世界の終焉から内陸を中心とするヨーロッパ世界の成立へ、という変化に着目する方が有力になっている。

しかし、それでは、いったいいつヨーロッパ世界は生まれたのであろうか。もちろん、西ローマ帝国の崩壊が直ちにヨーロッパ世界の成立をもたらしたのではない。西ローマ帝国の廃墟の上において、諸民族の諸王国の興亡が続いた。

さらに7世紀には、台頭したイスラム勢力が地中海の制海権を掌握する。その結果、ビザンティン（東ローマ）とイスラムの両文明から切り離された、内陸中心のヨーロッパが取り残されることになったのである。

しかしそのことは、ヨーロッパ世界の一体性をなんら保障するものではなかった。むしろ、その後のヨーロッパ史を見ればわかるように、統一的な政治権力は、きわめて例外的な時期を除いて成立しなかった。この時期にヨーロッパの一体性を保持したのは、キリスト教の教会や修道院のネットワークであった。

とくに注目すべきは、このような過程において、ローマの司教がやがて教皇と呼ばれ、ローマ・カトリック教会の頂点に立つ存在になったことである。そもそも他の都市の司教と同格であったローマ司教は、ローマが帝国の首都であったこと、また西ローマ帝国の滅亡後に秩序維持やゲルマン人の教化に努めたことから、全教会の中の最高権威を称するようになったのである。

使徒ペテロの後継者をもって任じたローマ教皇とカトリック教会（カトリックは普遍を意味する）は、やがて「天国への扉の鍵」を授かっているとさえ主張するに至る。ローマ教皇に世俗の支配権を認める「コンスタンティヌスの寄進状」（後に偽書であることが明らかにされる）なる文書も、8世紀半ばから9世紀にかけて作成された。

カロリング・ルネサンス ところで、ヨーロッパ世界の成立という意味で大きな画期となったのが、800年のカール大帝（シャルルマーニュ）の戴冠である。メロヴィング朝フランク王国の宮宰であったカール・マルテルは、トゥール・ポワティエ間の戦い（732年）でイスラム勢力の侵攻を食い止め、やがてその子孫はカロリング朝を開くに至った。

もちろん、このカロリング朝の版図は決してヨーロッパの全域に及ぶものではなかった。とはいえ、この王国はとくに北方と東方へと開かれ、かつて西欧でローマ帝国に属していた地域を統合しようという意志を失うことがなかった。ガリア、ゲルマニアの一部、イタリア北部といった地域を統一するとともに、ローマ教皇によって聖別され、帝権を復活させることで、カロリング朝は来るべきヨーロッパを予告したのである。その特徴は、キリスト教信仰と文明の統一への志向であった。

このようなローマ帝国再生の理念は政治的なものに限定されず、文化的側面をも含むものであった。すなわち、皇帝の文書庁や宮廷

Key person ⑧　ボエティウス（480-524/25 年）

　ローマの名家に生まれ，「最後のローマ人」とも呼ばれたボエティウスは，西ローマ帝国滅亡後にあって，ギリシア語文献の翻訳や注釈を行うなど，古代の哲学や教養をその後のヨーロッパ世界に伝えた人物である。イタリアを支配した東ゴートのテオドリック王に仕えて，執政官になるなど信任を得たが，やがて反逆の疑いをかけられて処刑された。その主著『哲学の慰め』（刊行は 1473 年）は，獄中で書かれたものである。プラトンやストア学派に学び，キリスト教徒でもあったボエティウスは，不確実性に満ちたこの世における人間の幸不幸を考察する。伝統的に，予測し難い運命（fortuna）に対し，人間は徳（virtus）の能力によって立ち向かうとされたが，ボエティウスはこれをキリスト教の文脈に移し替え，人間の徳を，哲学と信仰によって神の摂理を知ることにあるとした。それと比べるならば，政治をはじめこの世の出来事は単なる偶然にすぎないというのは，ボエティウスの実感であったのかもしれない。

学校によって，あるいは修道院や司教座聖堂附属学校によって，ラテン語文献の収集や写本が行われた。またヨーロッパの各地から高名な教師が招かれた。この文化的胎動を「カロリング・ルネサンス」と呼ぶ。

　たしかにその活動は宮廷や修道院の周辺にとどまり，後にふれる「12 世紀ルネサンス」と比べると，その影響は限定的であった。とはいえここに，聖書や教父の伝統と，修辞学（レトリック）や哲学の伝統とが緊張感をはらみつつ併存するという，その後のヨーロッパ文明を規定することになる特徴の端緒がはっきりと見出せる。

　しかしながら，カロリング朝による統一は 100 年と続かなかった。将来のフランスとなる西フランク，はるか後にドイツとなる東フランク，そして中間にあるロートリンゲン（ロレーヌ），ブルグント（ブルゴーニュ），イタリアへと分裂し，さらにその下のレベルでも

権力は細分化された。

それでも、かつてローマ帝国の域外にあった諸民族を含め、多様な諸民族が宗教的に統合され、共通の起源をもつ一つのヨーロッパという意識が次第に育っていくという基本的趨勢には変化がなかった。

このようにして生まれたヨーロッパ世界は、「キリスト教共同体（Respubilica Chrisutiana）」と呼ばれるようになる。ローマ人は国家を res publica と呼んだが、これにキリスト教が加わり、まさしくキリスト教共同体と重なり合うものとして、ヨーロッパの自己意識が確立されたのである。

封建社会と法

このようにして形成されたヨーロッパとは、いかなる社会であったか。

常備軍も官僚制も存在せず、一人一人の市民が自ら武器をとって兵士となったギリシア、巨大な常備軍とローマ法に象徴される官僚制が発展したローマに対し、西ローマ帝国の滅亡後のヨーロッパに現れたのは、このいずれとも異なる社会であった。

この新たな社会のあり方を封建制という。その中核にあるのは封土であった。国王は自らへの服従を条件に臣下に土地を与え、やがてその土地を保有する権利は世襲された。臣下は軍事的な奉仕をする見返りとして土地保有の権利を保護されたが、そこに見られたのは双務契約的な関係であった。国王と臣下、臣下のまた臣下というように、契約関係が無数に張り巡らされることで、社会の秩序が維持された。これを封建社会という。

このような封建社会には、巨大な常備軍も官僚制も存在しなかった。あるのは、領主間の個人的な支配服従関係の網の目だけであった。臣下は国家に対して忠誠を誓うのではなく、あくまで自らの土地保有の権利を保護している、より上位の領主に従うだけである。

1 ヨーロッパ世界の成立

Keyword ⑧　法の支配（rule of law）

　統治される者だけでなく，統治する者もまた，より高次の法によって拘束されなければならないという考え方は「法の支配」と呼ばれ，行政はすべて法律によってなされなければならないとする「法治主義（rule by law）」と区別される。法治主義が，行政はあくまで法律の枠内でなされるべきであるとするのみで，法律の内容に立ち入らないのに対し，法の支配においては，法律をもってしても犯しえない権利があり，これを自然法や憲法などが規定していると考える。このような考え方は，君主であっても決して自らの意志をすべてに貫徹させることができるわけでなく，歴史的に認められた臣民の権利を守るべきであるとした封建社会における慣習法の伝統に由来する。大陸諸国においてはその後，君主に権力が集中する過程で，君主の制定する法律によって慣習的な法が駆逐されていったのに対し，法の支配はむしろイギリスのコモン・ローの伝統においてよく保持された。

したがって王国といっても，それは封建的な主従関係に基づくネットワーク以上のものではなかった。

　しかも，領主の権利は一種の私有財産とされ，それゆえ相続，結婚あるいは征服などの事情によって，担い手が変化した。その意味で，公法と私法の区別はなく，あらゆる権利は具体的，個別的であり，社会的な地位に基づく特権（privilege）であった。

　このような封建社会において，国王といえども，領主を保護する大領主の中の第一人者にすぎなかった。国王がしばしば「同輩者中の第一人者（primus inter pares）」と呼ばれたのも，そのためである。

　このような秩序において，国王の大権（prerogative）と臣下の特権の対立は，つねに大きな政治問題とならざるをえなかった。特権は神聖なものであるとされ，王といえどもこれを勝手に踏みにじることはできなかったのである。王が，古来の慣習の集積である

「法」を破るとき，臣民には抵抗権が生じた。「古き良き法」を合い言葉に，臣民は国王の権力を制限しようとしたのである。ここに，支配者といえども法の下にあるという意味で，中世的な法の支配と立憲主義を見てとれる。

しかしながら，このような特権を保障する制度上の備えもまた不十分であった。臣民は自力救済（fehde）に訴えてでも自らの特権を主張したが，これに対し国王は平和の実現を理由に自力救済を禁止し，集権化を進めようとしたのである。

> **両剣論**

ここまで繰り返し指摘したように，キリスト教共同体として発展したヨーロッパ社会は，信仰を基盤とする社会であった。

しかしながら，キリスト教とは本来，現世の世俗秩序を超えた非政治的な価値をめざす宗教であった。そのようなキリスト教が信仰の問題にとどまらず，社会全体の基盤を提供することになった結果，世俗の秩序（帝権と王権）と聖職者の階層秩序（教権）とは鋭い緊張関係に立つことになる。

5世紀末の教皇ゲラシウス1世は，「両剣論」というかたちで，両者の関係を定式化した。世俗の皇帝が教会の最高聖職者を兼ねる皇帝教皇主義がとられた東ローマに対し，西ローマでは教皇の権威（auctoritas）と世俗の権力（potestas）とが並立したのである。両者はいずれも神に源を発するものであったが，それぞれの管轄すべき領域においては最高の存在であるとされた。

とはいえ，同じく神を源泉とする二つの「剣」のいずれが優位するかという問題は，つねに存在した。とくに11世紀の叙任権闘争（教会聖職者の人事権をめぐる教会と世俗の君主との間の対立）以後，対立は激化する一方であった。

皇帝が教皇権に介入し，教会が政争に巻き込まれる一方，教会内

1 ヨーロッパ世界の成立

部の腐敗も目立つようになる。これに対し，教会組織を自ら立て直そうとする聖職者の動きが始まった。とくに有名なのがクリュニー修道会である。

このような教会改革運動を受けた教皇グレゴリウス7世の改革により，皇帝の教会人事への介入は退けられることになった。ここに教皇は皇帝と肩を並べる存在となった。象徴的なのは，1077年の「カノッサの屈辱」と呼ばれる事件である。

教皇グレゴリウス7世が神聖ローマ帝国皇帝ハインリヒ4世と対立したこの事件は，最終的には皇帝の屈服によって終わった。決め手になったのは，教皇がもつ破門権である。教皇がこの権利を行使した場合，キリスト教徒でなくなった皇帝に対する臣下の服従の義務も解除される。このようにして，教皇権が皇帝権に優位する時代が始まった。

やがて13世紀の教皇インノケンティウス3世の時代に，教皇権はその最盛期を迎えた。教会を統治する至高の権力 (plentitudo potestatis) はキリストからペテロへ，ペテロから教皇へと受け継がれたのであり，皇帝の権力もまた教皇権に由来するものであるという考えが現れた。

この考え方によれば，教皇は皇帝を含む，世俗の領主の行為を監督する権利と義務をもつ。教皇は法の上にある存在であり，だれの裁判にも服さず，また最高の裁判権をもっている。ゲラシウスの両剣論すらも超える教皇至上権の主張であった。

2　12世紀ルネサンスとスコラ哲学

12世紀ルネサンス　このようにして，聖俗の両権が並立するかたちでヨーロッパ社会が安定を見せる中，「12世紀ルネサンス」が到来する。ちなみに，前節でも「カロリング・ルネサンス」という言葉を用いたが，いずれも「ルネサンス」という言葉の本来の意味からすれば，逸脱的な用法である。

というのも，現在の意味での「ルネサンス」という語をはじめて用いた19世紀の歴史家ミシュレやブルクハルトが念頭に置いていたのは，14世紀から16世紀にかけてのイタリアを中心とする古典古代の文化の復興運動であったからである。

本来の「ルネサンス」史観に立てば，それ以前の時代は「暗黒時代」ということになる。しかしながら，このような見方は今日，大幅に修正されている。現在では，「暗黒時代」とはむしろルネサンスの連続であったと考えられている。

12世紀ルネサンスの背景になったのは，経済の発展である。この時期，農業生産力の拡大や商業の復活が見られ，人口も増大した。ヨーロッパ各地に都市が勃興し，やがてボローニャ，パリ，オックスフォードなどの大学も生まれる。修道院や司教座聖堂の附属学校に加え，新たに台頭した大学が12世紀ルネサンスの基盤となったのである。

しかしながら，12世紀ルネサンスをヨーロッパ内部の視点からのみとらえるだけでは不十分である。この時期にルネサンスが可能になったのは，ヨーロッパ世界がイスラム的アラビア世界の先進的な文明に接し，そこからギリシアやローマ，さらにはアラビアの学

術や文化を取り入れたためである。いわばルネサンスは，文明接触の産物であった。

その拠点となったのは，アラビアとヨーロッパの接触点となったスペイン，近代官僚制国家の先駆として知られるシチリア，そしてヴェネツィアを中心とする北部イタリアであった。知識人たちは，このような場所に出かけ，学術の吸収に努めた。

そもそも古典古代の学術や文化のうち，ヨーロッパ世界へと直接受け継がれたのは，その一部にすぎなかった。相対的によく読まれたキケロの著作にしても，すべてではない。プラトンやアリストテレスに関しては，プラトンの一部の著作を例外に，ほとんどが忘却されていた。ところが，この時期になってはじめて，アリストテレスの著作のラテン語訳が進んだのである。

結果として12世紀ルネサンスにおいては，ラテン古典の復興，『学説彙纂』（533年）を中心とするローマ法の復活のみならず，ギリシアやアラビアの哲学や数学，自然科学が広く紹介された。12世紀ルネサンスのこのような側面を代表するのが，シャルトル学派である。

シャルトル学派と
ソールズベリのジョン

シャルトル学派が強調したのは，宇宙の合理的な探究が信仰と矛盾するものではなく，むしろ両者は統合されるべきものであるという考えであった。

このような信念の下，シャルトル学派はいわゆる古典古代以来の自由学芸（リベラル・アーツ）を立て直した。自由学芸とは，幾何学，天文学，算術，音楽からなる4科と，文法，修辞学，弁証法（論理学）からなる3学をあわせたものである。シャルトル学派はこの内容を刷新し，それを神学―哲学―自由学芸という学問の階層秩序の中に基礎づけたのである。

12世紀ルネサンスを代表する知識人に，ソールズベリのジョン（1120ごろ-80年）がいる。イングランドに生まれたジョンは，パリに出て，さらにはシャルトルの司教座聖堂附属学校で学問を修めた。そこで新たな知の動きや学問像を学ぶ一方，やがて教会政治・外交の渦中で人生を過ごし，亡命生活を過ごすなど苦衷も味わった。

　その主著である『ポリクラティクス』（1159年）は，国家を身体の比喩で語る有機的国家論として知られている。ジョンは，頭から足に至る人体の構造と比較することで，君主から農民へとつながる国家の階層的な身分秩序を正当化する一方，人体の各器官が共通の目的に向かって協働していることを強調した。

　健康な体が，各器官それぞれの機能を通じた全体的調和の働きによって維持されるのと同様に，国家もその共通善を維持・実現するために，各構成員の義務と役割の全体的協調が必要である。

　もちろん，人体の各器官の機能が異なるように，国家の構成員の間にも支配するものと支配されるものとの関係は確固として存在する。しかしながら，その関係は一方的なものではなく，政治体の健康の回復のためには，機能不全に陥った暴君の放伐も否定されないとジョンは主張した（暴君放伐論）。

　聖職者と世俗の君主の関係はどうか。ちなみに，ジョンは，君主を頭に，聖職者を魂としている。この場合，魂は身体の上位にあって身体を指導するとしても，厳密にいえば，魂は身体の器官ではない。そうだとすれば，一個の世俗国家にあって政治的支配を司るのは，あくまでその頭である君主ということになる。

　君主は神に従うが，地上において神の位置に立ち，人々の服従の対象となるのは君主である。人間の各器官が，頭の指示に従うことで健康になるように，国家の各構成員もまた，君主の指示に従うことで安全を確保するというのが，ジョンの比喩の政治的意味であっ

た。

スコラ哲学

ちなみに、2世紀から8世紀に至るまでのキリスト教哲学がしばしば教父哲学と呼ばれるのに対し、9世紀以降のものはスコラ哲学の名の下に総括される。

ルネサンス以降、しばしば煩瑣(はんさ)なばかりの無益な思弁哲学として、過去の遺物かのごとく語られたスコラ哲学であるが、実際には、その後17, 18世紀に至るまで、その権威は維持され、哲学を学ぶ人間にとっての必修であり続けた。

スコラ哲学はアラビア世界からの古典古代文化の継受に大きな刺激を受けて、とくに13世紀に大きく発展した。そこでの課題は、アリストテレスに代表される新たな体系的な知を、いかにキリスト教の枠内で受け止めるかであった。すでにふれたシャルトル学派は、神学と自然学の共存が可能であると考えたが、さらに神学と哲学の関係があらためて問題となったのである。

この場合、一方の側には、フランスシスコ修道会の神学者を中心とする人々がいた。彼らは、伝統的な神学的世界像を固持しようとし、その枠組みと矛盾しない限りでアリストテレスを受容しようとした。他方に、急進的なアリストテレス主義の立場があり、彼らは、哲学が信仰から完全に自立していると主張した。

この両者の中道にあったのが、ドミニコ修道会の神学者であり、その代表がトマス・アクィナスである。彼らはアウグスティヌス的な思想を排除することなく、いわばキリスト教神学の中に最大限アリストテレス哲学の全体を統合しようとした。

言い換えれば、信仰の権威を前提にしつつも、その信仰を深めるためにも哲学が有用であると主張したのである。信仰の理性に対する優位を認めつつ、しかし理性を否定しないのが、この立場であっ

た。

トマス・アクィナス　トマスの主著である『神学大全』(1265-73年)によれば、人間の理性は感覚によって経験的に知りうることから出発して、やがて、超越的であるが個々の事物に内在する真理へと向かう。人間の理性は自らの能力を超えたものまでも認識しようとするが、それに手を差し伸べるものこそが恩寵である。理性には限界があるが、決して信仰と矛盾するわけではない。「恩寵は自然を破壊せず、むしろこれを完成する」と『神学大全』は説いた。

神によって創造された万物には、おのおのふさわしい本質があり、すべての存在は低次のものから高次のものへと階層的な秩序を構成する。その頂点にはもちろん、神が存在すると考えたトマスは、動物と天使の中間にある人間のつとめを、「学 (scientia)」を通じて、所与の事物のうちに普遍的で必然的な本質を見出すことにあるとした。

政治社会についてはどうか。アリストテレスにならい、トマスは「人間は社会的および政治的動物(ポリス)である」と主張した。アウグスティヌス以来の、人間は罪深い存在であり、政治社会とは罪の産物にほかならないという考えに対して、人間は孤立しては存在しえず、相互協力による複雑な社会生活の発展が重要であると説いたのである。

政治社会は罪の産物ではなく、社会を営む人間にとっての自然である。このように考えたトマスは、国家の役割を、平和を維持し、人々に良き生活を行わせることにあると考えた。そこでトマスが重視したのが法の役割であり、これを四つに分類して考えている。

第一は永久法であり、万物を支配する神の最高理性である。第二は、自然法であり、これは人間が理性によって永久法を認識したも

Key person ⑨　トマス・アクィナス（1224/25-74年）

　多様なスコラ哲学であるが，スコラ哲学を代表する人物を一人選ぶとなると，やはりトマス・アクィナスの名があがるだろう。それほど，この時代のヨーロッパ社会の精神を包括的に体現し，その問題に正面から取り組んだ思想家であった。南イタリアのアクィノという町の近くの城塞に，貴族の末子として生まれたトマスは，修道院での教育を経て，やがてナポリ大学に進む。ここで彼ははじめてアリストテレスの哲学にふれたとされている。清貧の中で信仰を追い求めるドミニコ修道会に加わろうとして家族の反対を受けたトマスは，さらに勉学を修めるためパリに向かった。パリやケルンなどで，ドミニコ修道会のアルベルトゥス・マグヌスの下で学んだトマスは，やがてパリ大学などで教鞭をとった後に，イタリアに帰る。病没したのは，第二回リヨン公会議に向かう途中であった。ちなみに，トマスの考えがカトリック教会の正統教義になったのは意外に遅く，16世紀のことである。

のである。とはいえ，自然法でもまだ，人間にとっては抽象的である。そこで出てくるのが，第三の人定法である。人定法とは，自然法の原則を具体的な場に即して定めたものであり，普通にいう法律に近い。ちなみに人定法にも二つあり，一つの国の中で定められる国法と，国と国との間で適用される万民法がある。

　これらはいずれも哲学的に導かれる法であるのに対し，これとは別に，第四の法である神法がある。聖書に書かれたこの法は，人間を永遠の救いへと導くためのものであり，国法を政治的支配者が管理するのに対し，神法を解釈するのは教会の管轄であった。

　それでは，本来，社会の利益のために樹立されたはずの政治社会の統治者が，法の支配を破ったときはどうすべきであろうか。トマスはアリストテレスの六政体論を継承し，とくに王政に対して好意的であった。それゆえに，共通善に配慮する王政と，支配者が自ら

Keyword ⑨ 共通善（common good）

アリストテレス，キケロ，そしてトマス・アクィナスから現代アメリカのサンデルらコミュニタリアンと呼ばれる理論家に至るまで，西洋政治思想史において繰り返し取り上げられてきた概念の一つに共通善がある。この言葉は文字通り，政治的共同体の構成員に共有された善のことであり，特定の個人や集団にとっての善とは区別される。伝統的に国家は res publica，すなわち公共のことがらと表現されてきたように，政治的共同体の存在意義はまさに共通善の実現にあると考えられてきた（☞ ***Keyword*** ⑤）。

これに対して，共通善などというものは存在せず，政治の目的は一人一人の個人にとっての善の実現と，その調整に尽きるという自由主義的な考え方も存在する。また，共通善といっても，はたしてそれは共同体の構成員にとっての善を集積したものなのか，さらに，ある共同体にとっての共通善は他の共同体や人類全体の共通善と衝突することがありうるかなどをめぐって，多様な理解がありうる。

の利益を優先する僭主政との区別が重要になったが，王政が僭主政へと転落することを防止するような混合政体のあり方が，彼の議論のポイントとなった。

この際，統治者が所有権を奪うなど，自然法に対する違反があった場合，臣民の抵抗権が発動される。しかしながら，一私人が抵抗権を行使する場合，混乱が起きてさらに悪い状態が生まれるおそれもある。それゆえに，トマスは貴族など，抵抗する権限をもつ者だけに限定されるべきだと主張した。また統治者の神法への違反については，統治者は破門され，服従義務は解除されるとした。

とはいえ，神法は教会の管轄，人定法は君主の管轄という前提の下，政治に一定の自律性を認める点にトマスの特徴があったといえるだろう。

2 12世紀ルネサンスとスコラ哲学

3 普遍論争と中世世界の解体

普遍論争　中央集権的な権力を欠き，多元的であった中世ヨーロッパ社会は，キリスト教によってその統一が保持された。その意味で，中世ヨーロッパ世界を代表するスコラ哲学の論争が普遍論争と呼ばれたのは偶然ではない。個別の存在をいかに普遍的なものと結び付けるか。このテーマは，決して哲学的な問題にとどまらない射程をもっていた。

普遍論争とは，実在論（レアリスムス）と唯名論（ノミナリスムス）との間で展開された。この世界には，個々の犬や，個々の人間のような個物が存在する。それぞれをまとめれば，「動物一般」や「人間一般」になるが，このような「類」や「種」もまた一種の「もの」であり，実在するというのが実在論である。これに対し，普遍とは観念であり，名称にすぎないと主張するのが唯名論である。

おそらく現代人の感覚は，唯名論に近いだろう。そのため，実在論というのは，なかば神学的で，非科学的な思考法とみなされがちであるが，そのような理解は妥当なのだろうか。代表的な論者であるドゥンス・スコトゥス（1265/66-1308 年）の議論を見てみよう。

スコトゥスの考えでは，個物にも普遍は宿っている。一つ一つの個物は汲み尽くせない豊かさをもっている小宇宙であり，それゆえに他の物とも何らかの本性を共有している。このような普遍が個物に宿るという発想は，原子論（アトミズム）に対してモナド論を展開した 17 世紀の哲学者ライプニッツ（1646-1716 年）や，現代のコミュニタリアニズムにも影響を及ぼしている。

これに対し，唯名論を代表するのがウィリアム・オッカム

68　第 3 章　中世ヨーロッパの政治思想

(1290-1349年)である。「オッカムの剃刀」という言葉があるが，何かを説明するときに，必要以上に根拠や原因をあげることを禁じるものである。単なる言葉に惑わされて，言葉の意味を実体化してはならない。この思考の節約の原理が示すように，オッカムはスコラ哲学に含まれるような多くの形而上学的思弁を除去しようとした。

このようなオッカムの立場からすれば，実在するのは個物だけであり，存在するとは個別的に存在すること以外の何ものでもない。個物は単純で確定された規定をもつ，世界と思考のアトム的構成要素であった。

このように，普遍論争は，ヨーロッパ世界の特徴である普遍性と多元性をどのように理解するかを問題にするものであった。普遍性と多元性をなるべく連続的にとらえるのが実在論であるとすれば，両者を鋭く分断してとらえるのが唯名論であったといえるだろう。

普遍的共同体の解体

しかしながら，このように普遍をめぐる論争が活発に展開されたことは，逆にいえば，ヨーロッパの普遍的共同体がすでに自明ではなくなっていたことを意味した。ヨーロッパの統一を支えるキリスト教共同体は，この時期すでに解体の兆しを示していた。

1309年，それ以前からフランス王の影響下にあった教皇庁は，南仏のアヴィニョンへと移された。約70年にわたって続いたこの状態は，古代ユダヤ人になぞらえられてバビロン捕囚と呼ばれる。1377年に教皇がローマに帰還した後も，今度はローマとアヴィニョンに二人の教皇が並び立つなど，シスマ（教会大分裂）と呼ばれる抗争が続いた。

元来，自前の武力をもっていなかったローマ教皇が，神聖ローマ帝国の皇帝に代表される世俗の権力と対抗できたのも，あくまで世俗の秩序が分権的で遠心的であったためである。しかしながら，こ

の時期，裁判権と課税権を一元化し，領域内の支配を強化したフランスなどの王国が台頭してくる。教皇のバビロン捕囚やシスマの背景には，このような王権の伸張があった。

振り返れば，ギリシアとローマは，以後の西洋政治思想史に対し，都市国家と帝国という二つの重要な政治モデルを残した。以後，この二つのモデルは，繰り返しヨーロッパの歴史に登場する。とはいえ，意外なことに，このいずれも近代のヨーロッパ史の主役となることはなかった。むしろ歴史の表舞台に躍り出たのは，（帝国よりは小さく，都市国家よりは大きい）王政による領域国家であった。

それではなぜ，帝国と都市国家は成功しなかったのであろうか。一つの理由は，ローマ・カトリック教会の存在にある。中世には神聖ローマ帝国があったが，ヨーロッパの一体性を守ったカトリック教会を前に，自前で普遍性を主張するチャンスは乏しかった。

対するにイタリアやドイツでは多くの都市国家が活躍したが，これを苦しめたのが内紛である。ギベリン党（皇帝派）とゲルフ党（教皇派）の対立が有名であるが，教皇権と皇帝権という，競い合う二つの普遍性の理念によって引き裂かれた結果でもあった。

ちなみに，この間にカトリック教会内部においても，公会議運動と呼ばれる改革運動が起きた。これは，全教会の権威は教皇一人ではなく，信仰者の集合体としての教会全体と，その代表機関である公会議にあるとする運動である。この運動は教皇至上主義に対していわば共闘関係にあった世俗の君主たちが距離を置くことで最終的に下火になったが，教皇の権威の低下を如実に示す動きであった。

王権の発展と団体・代表理論

ここでもう少し，世俗の王権の動きについて見ておきたい。封建社会において領主間の個人的な関係のネットワークの中に位置づけられていた王権は，あくまで臣民に歴史的に認められていた特

権からなる慣習法の制約の下に置かれていた。

　これに対し，王権はやがてそのような個人的な諸関係を整理・統合し，領域内における一元化をめざすようになる。直轄地を拡大し，裁判権と課税権を自らの手に集中させていったのである。直属の官僚機構を整備するとともに，ローマ法を学んだ助言者たちに支えられた国王たちはやがて，「君主は法から自由である」という主張さえ展開するに至った。

　このような王権の発展の背景にあったのは，貨幣経済の発展である。これを受けて権力の財政的基礎が再編されることになるが，それをよく示すのが身分制議会の発展である。この時期，イングランドの議会（パーリアメント）やフランスの三部会（エタ・ジェネロー）などの議会が開催されるようになり，国王の下に貴族，聖職者，都市の代表などが集まって，課税問題などを検討した。

　封建社会においては，すべての権利と義務は特権をもつ個人の間の関係に基づいていた。そのため，領域内に暮らす人々が議会に集まって，ともに議論して決着をつけることは難しかった。これに対し，貨幣経済の発展によって領域的なまとまりが形成されることで，国王が諸身分の代表者たちと財政問題を検討する場をもつことが可能になったのである。

　前節で検討したソールズベリのジョンは，国家を身体になぞらえる有機的国家観を展開したが，これも領域国家を一つのまとまりとして理解する発想が一般化した結果だといえる。すでに商業的ギルド，組合，都市などの自治的な諸団体が発展していたが，王権もまた一つの団体として理解されるようになったのである。

　ちなみにこの時期，王は二つの身体をもつという，不思議な理論が発展した。王は自らの自然的な身体をもっているが，この自然的身体は王の死とともに滅びる。しかしながら，王国を体現する王に

3　普遍論争と中世世界の解体

> ***Keyword* ⑩　代表制（representative system）**
>
> 　しばしば「本来，デモクラシーは直接参加が望ましいが，現代国家ではすべての市民が一カ所に集まるのは不可能なので，その代わりに，代表者を通じて政治に参加する間接デモクラシーを採用している」といわれる。とはいえ，代表という観念自体は，中世ヨーロッパの身分制議会という，古代ギリシアに生まれたデモクラシーとは全く異質な起源をもっている。しかも身分制議会の場合，会議が召集される理由は，諸身分の代表が自らの意見を表明するという側面よりは，むしろ君主の側で課税に対する関係者の承認を取り付けるという側面の方が強かった。その意味では，代表制は必ずしも民主的であるというわけではない。その限りでは代議制デモクラシーというのは，ある種独特な組み合わせであり，本当にデモクラシーと呼べるのかについては，再検討の余地がある。現代においてなお，議会とは国民の代表が自らの意志を表明する場というよりも，政府からの課税の提案に対し，関係者があれこれ異議を申し立てる場なのかもしれない。

はもう一つの滅びることのない身体があり，この身体は個別の王を越えて受け継がれる。これも身体論のかたちをとった，一つの団体理論であったといえるだろう。

　この団体理論とともに発展したのが，代表理論である。すでにふれた身分制議会についても，貴族，聖職者，都市のそれぞれについて，各団体を代表する者が，それぞれの団体から全権を委任されることが前提であった。このように，団体理論や代表理論といった，元来の封建社会とは異質な思考法が，世俗の秩序についての新たな展望を開いていった。

ダンテとパドヴァのマルシリウス

　このようにカトリック教会によって担われたヨーロッパの統一世界が解体する一方で，世俗の秩序の自律性を主張する議論が発展

していく。トマス・アクィナスの議論においても，すでに世俗の秩序についての積極的擁護論が見られたが，そのような擁護論の前提には，あくまでキリスト教の教会秩序があった。

これに対し，この時期に見られるのは聖俗の秩序を分離し，世俗の秩序を教会秩序と切り離して論じるタイプの議論である。このような動きを二人の思想家に即して見てみたい。

一人はイタリアのフィレンツェの政治家であり，詩人であったアリギエーリ・ダンテである。ダンテといえば『神曲』（1300-21 年）で知られるが，この文脈でより重要なのは『帝政論』（1310-12 年）の方である。すでに指摘したように，カール大帝以後，二度とヨーロッパ社会が政治的に統一されることはなかった。しかしながら，帝国の理念が消え去ることはなく，ダンテの『帝政論』もまた，世界を統一する普遍的な政治共同体の理念を高らかに唱えたものであった。

ダンテの眼前にあったのは，イタリア諸都市の混乱であった。このような現実に対し，地上に平和を確立するためには，唯一最高にして普遍的な政治的権威が必要である。このような信念に基づいてダンテが期待を寄せたのが，普遍的な世界帝国であった。

現実にはもちろん，神聖ローマ帝国は衰退へと向かっており，王権による領域の統一が進行していた。その意味では，ダンテの思想は時代の流れに逆行するものであったが，トマス・アクィナスによる世俗の秩序の自律性の思想を最大限に拡大し，統一的なキリスト教共同体の理念を打破するにあたって決定的な役割を果たしたのが，ダンテの思想であった。

もう一人の思想家はパドヴァのマルシリウス（1280 年ごろ-1343 年ごろ）である。イタリアのパドヴァに生まれ，パリで学問研究を進めたマルシリウスは，その著作である『平和の擁護者』（1324 年）

***Key person ⑩　ダンテ**（1265-1321 年）*

　フィレンツェに生まれ育った政治家であり詩人であるアリギエーリ・ダンテは，何よりも『神曲』によって，イタリア文学を代表する不朽の名声を残した。地獄に堕ちたダンテが，ローマの詩人ヴェルギリウスに導かれ，地獄，煉獄，天国の三つの世界を巡る。このような内容には，政争に敗れてフィレンツェから追放され，イタリア諸都市を放浪するダンテのフィレンツェへの複雑な思いが込められていた。と同時に，帝政への理想，神学論，初恋の女性であったベアトリーチェに対する賛美など，多様な内容が含まれている。

　『帝政論』はダンテの政治的信念を示したものであり，他に詩文集である『新生』や『俗語論』なども執筆している。晩年はラヴェンナの領主の下に身を寄せ，外交使節としてヴェネツィアに派遣される途上で亡くなった。彼の『神曲』から，近代イタリア語が生まれたといわれる。

によって知られている。マルシリウスにとっての課題は何よりも平和の実現であった。彼の見るところ，平和を攪乱しているのはむしろ教皇による政治への介入であり，このような教皇による介入を正当化する議論を否定することがその課題となった。

　マルシリウスにとって，政治社会とは人間の自然に基づくものであり，より良き生活を実現するために出現したものである。その意味で，国家とは宗教から独立した，自足的で自己完結的な共同体である。そうだとすれば，この世における幸福を実現するために人間が制定した人定法だけが神と無関係に強制力をもつのではないか。このように問うことで，マルシリウスは最終的に，現世は世俗の権力者によって一元的に支配されるべきだとする理論を打ち立てたのである。

第4章 ルネサンスと宗教改革

○激動期のフィレンツェを生きた思想家マキアヴェリ（左）と宗教革命の口火を切ったルター（右）（左：Bridgeman Art Library/PANA, 右：dpa/PANA）。

　古代ローマの故地であるイタリア半島には，やがて都市共和国が発展していく。その意味で，フィレンツェやヴェネツィアなどに古代の政治学が復興したのは偶然ではない。古典古代の文献を解釈し，読み直していく営みは人文主義と呼ばれることになるが，『君主論』で知られるマキアヴェリもまた，人文主義から学び，その知見を後世に伝えるキーパーソンの一人であった。他方，ドイツの地で宗教改革の口火を切ることになるルターもまた，マキアヴェリの同時代人であった。当時のカトリック教会の抱えた矛盾に対し，ルターは「信仰のみ」を標語に立ち上がる。この動きはジュネーヴのカルヴァンにも受け継がれるが，結果として，キリスト教の力で統一を守ってきたヨーロッパは，まさにキリスト教ゆえに分裂を余儀なくされることになった。宗教的対立が血で血を争う紛争に直結する時代にあって，政治のあり方が問い直される。ボダンの主権論もまた，その産物であった。

1 マキアヴェリ

イタリア都市国家の発展

ここでいったん，時計の針を戻したい。すでに「12世紀ルネサンス」について紹介したように，この時期，ヨーロッパの各地で都市の勃興が見られるようになる。とくに十字軍を契機とする東方貿易の拠点となったイタリア諸都市の発展は目覚ましく，都市を中心にその周辺地域（contado）が統合される都市国家が成立した。

これらイタリアの都市国家においては，ヨーロッパの他の地域とは異なり，王政ではなく共和政が発展した。このようなイタリアの状況は，統一国家の不在ゆえに他国の干渉を招く一方で，古典古代との類似性ゆえに，その政治理論受容の現実的基盤ともなっていく。

11世紀に創設されて以来，イタリアの諸大学においては，法律学や医学と並んで修辞学（レトリック）の研究が熱心になされた。レトリックを教える教師たちは，教材となるキケロをはじめとする古典古代の文献についての研究を発展させる中で，次第にこれらの文献を単にレトリックの素材としてのみ見る狭い見方を脱していく。

「はじめに」でもふれたように，古典古代の文献を解釈し，読み直していく営みは人文主義（ヒューマニズム）と呼ばれるが，この人文主義はやがて政治化し，政治的人文主義（シヴィック・ヒューマニズム）へと変わっていった。そこで標榜された，公共の利益を重視し，自治と独立をもって至上の価値とする理念は共和主義（リパブリカニズム）とも呼ばれることになる。

イタリア都市国家は，やがて教会や皇帝権力からの独立をめざすようになる。ロンバルディア同盟を結成した諸都市は1183年のコンスタンツの和約によって都市の自治権を獲得した。ここにコムー

ネ制と呼ばれる,独特な都市国家が誕生した。

しかしながら,コムーネの内部では,都市貴族とポポロと呼ばれる平民との間の闘争に加え,ギベリン党(皇帝派)とゲルフ党(教皇派)の対立が激化した。このようなコムーネ内部の対立が,コムーネ間の対立とも連動し,イタリアの政治を不安定にしたのである。

そのような状況の中で台頭してきたのが,シニョーリア制と呼ばれる独裁制である。フィレンツェのメディチ家や,ミラノのヴィスコンティ家が有名であるが,これらの独裁者は,都市国家内部の混乱を利して,自らの地位を確立していく。

これに対し,独裁に対していかに自由を守るかという問題意識から,政治的人文主義者たちは古典古代の文献へと向かうことになる。15世紀の中葉以後,フィレンツェやヴェネツィアが共和政に重点を置く政治学復興の中心地となっていったのは,このような流れの結果であった。

マキアヴェリとその時代

ニッコロ・マキアヴェリが活躍したのは,動乱期を迎えたフィレンツェにおいてである。

15世紀は,イタリア・ルネサンスが開花した時期にあたる。フィレンツェのメディチ家も芸術や文化のパトロンとして,レオナルド・ダ・ヴィンチやミケランジェロらを庇護した。

このルネサンスは西欧における三度目のものであった。とくに1453年,ビザンツ帝国が滅亡し,コンスタンティノープルからギリシア・ローマの古典が入ってきたことが大きなきっかけとなった。

この時期のイタリアは,フィレンツェ,ヴェネツィア,ミラノ,ナポリ,教皇領などが割拠する小国の乱立時代であった。アルプス以北において王政による領域国家が発展したのと対照的な状況において,マキアヴェリは軍事や外交に多大な関心をもつことになる。

1 マキアヴェリ

Key person ⑪　マキアヴェリ（1469-1527 年）

　ニッコロ・マキアヴェリは，メディチ家の追放と復活，サヴォナローラの神権政治とその後の処刑という激動期のフィレンツェを生きた人物である。その著作『君主論』のイメージから，目的のためには手段を選ばない政治的現実主義者，さらには権謀術数主義者として語られることが多いが，はるかに複雑な思考を展開した思想家である。人文主義的な教養を身につけたマキアヴェリは，フィレンツェ政庁に入り，外交・軍事を担当する書記官を務めた。その間には，教皇の私生児であり，一代の梟雄であったチェーザレ・ボルジアとも接触している。メディチ家復活後は職を追われるが，メディチ家への就職活動として『君主論』を執筆する一方，同時期に共和政ローマを高く評価する『リウィウス論』（『ディスコルシ』）を完成させた。そこから後世，マキアヴェリはむしろ人民の友であったという評価を生むことにもなる。さらに『フィレンツェ史』（1525 年）や喜劇『マンドラゴラ』などを後世に残している。

　1494 年，フランス王シャルル 8 世がイタリアに侵入したことで，イタリアの政治秩序は大きく混乱する。フィレンツェにおいてもこの年，それまで実質的に統治者の地位にあったメディチ家が追放された。メディチ家の追放後，フィレンツェでは，共和政が復活する。ドミニコ修道会士であったサヴォナローラがその指導者の地位につき，神権政治を確立したが，やがて彼も失脚し，処刑された。後年マキアヴェリは「武器なき予言者は滅びる」という言葉を残している。

　メディチ家不在のフィレンツェ共和国において，マキアヴェリは外交と軍事において手腕を発揮した。遠くフランスやドイツに派遣される一方で，教皇やチェーザレ・ボルジアらとも接触した。ボルジアについてマキアヴェリは，その能力と野心を認めつつ，「運命による悪意ある一撃」によって失脚したのは，洞察力の欠如ゆえで

あったと評している。

このようにマキアヴェリの目の前で展開されたのは，野心と欲望によって突き動かされる人間たちの栄枯盛衰であった。彼らは，権力を獲得するためには手段を選ばなかった。ここからマキアヴェリは，その際限のない野心と欲望の追求において，人間は動物にも劣る野獣にほかならないと考えるようになる。

このようなマキアヴェリの人間観は後世「マキアヴェリズム」と呼ばれ，あたかも権謀術数や非道徳的な権力追求を擁護するものとして批判の対象となった。ただし，このような人間の側面を，マキアヴェリ以前の人々が知らなかったわけではもちろんない。

問題は，マキアヴェリが，そのような人間の現実を前提に，いかに秩序を確立し，維持するかを論じたことである。マキアヴェリの政治理論は，人間の社会性を所与とせず，いかなる人間性にも対応しうる政治のしくみを構想するという点で野心的であった。

『君主論』

マキアヴェリにおいて政治学の伝統は大きな変化を見せる。それを象徴するのが，stato（☞ ***Keyword*** ⑪）という概念である。政治的共同体とそれを構成する自由な市民というモデルに代えて，マキアヴェリは人々を事実上において支配する君主の力を stato と呼び，君主と臣民との間の支配服従関係に着目したのである。

そのようなマキアヴェリが強調したのが徳（virtù）の概念である。この概念は伝統的に倫理的徳目として理解されてきたが，運命（fortuna）との組み合わせで用いられることが多い（☞ ***Key person*** ⑧）。マキアヴェリはこの概念から倫理的側面を脱色し，もっぱら人間が状況を読み，果敢に行動することで運命を制御する能力として強調した。

このようなマキアヴェリにとって，政治学とは，「stato の技術

Keyword ⑪　国家（state）

　すでに国家については ***Keyword*** ②で扱っているが、マキアヴェリが使用した stato に由来するのは、それとは全く別の国家概念である（英語の state、フランス語の État、ドイツ語の Staat などがこれに相当する）。マキアヴェリは「stato を維持する」とか「stato を拡大する」といった言葉の使い方をするが、その意味は個人や集団の権勢や影響力など、法制上の権限とは無関係の、事実上の力を指す。同時に、このような力の担い手や支配者集団のことも意味した。マキアヴェリはこの意味での stato を、君主（principe）とも呼んだが、ここからやがて、一定の領域を実際に支配する統治権力・支配機構として国家を理解する伝統が形成される。マキアヴェリにとってより重要だったのは、支配者と被支配者の両方を含む全体としての政治体をどのように考えるかよりも、支配者がいかに被支配者の服従を調達するかであった。国家観の変化も、それを反映しているといえるだろう。

（arte dello stato）」にほかならなかった。『君主論』（1532 年）の中で彼は、「stato の技術」を、いかに臣民を統治するか、他の君主といかに付き合うか、そして軍隊をどのように組織するかという三つの視点から考察している。

　臣民の統治に関して、マキアヴェリが強調するのは恐怖の力である。君主に対し「愛されるより、恐れられる方がいい」と説くマキアヴェリは、支配の最終的根拠は恐怖であると考えた。人間は恩知らずで気が変わりやすい。自発的服従に期待するのは無駄である以上、「必要性（necessità）」によって人々を強制するしかないと彼は主張した。このように説くマキアヴェリは、政治的共同体における友愛を強調したアリストテレス、「支配者は恐れられるよりは愛されよ」と説いたキケロとは、鋭い対照をなしている。

　他の君主との関係については、約束をどれだけ守るかが問題にな

る。マキアヴェリは信義を守ることが利益にならず，約束した際の根拠が失われたような場合には，むしろ信義を守らない方が賢明な君主の務めであると説く。ここで出てくるのが有名な「狐の狡猾さ」の薦めである。

このようなマキアヴェリの議論の背景には，君主の支配はそれ自体が目的ではなく，伝統的な道徳に反してでも，秩序を作り出し維持することが重要であるという信念があった。ここに見られるのは君主の利益よりも，秩序維持という公共の利益を強調する国家理性（raison d'État）論の萌芽である。

軍事政策は，マキアヴェリの政治思想にとって特別な意味をもつ。恐怖によって秩序を実現しようという以上，人々を強制するだけの軍事力が不可欠だからである。とはいえ，軍隊の中核となった傭兵たちには金次第で裏切る可能性があり，あてにならなかった。

そこで書記官時代のマキアヴェリは，フィレンツェの周辺から農民を集めて，国民軍を創設することを試みた。しかしながら，臣民を力で押さえ付けるのに，当の臣民を集めて軍隊を作るというのは矛盾であり，マキアヴェリの試みは失敗に終わった。

『リウィウス論』　マキアヴェリのもう一つの主著に『リウィウス論』（『ディスコルシ』，1531 年）がある（☞ *Key person* ④）。この本の中でマキアヴェリは，一転してローマに注目する。なぜ共和政ローマは大帝国にまで上り詰めたのか。共和政の命運と自由の維持に関心をもった人文主義者たちと交流する中で，マキアヴェリは独特な共和政ローマ観を展開することになる。

マキアヴェリは「拡大する共和国」という概念を提示する。これは古代ギリシアのスパルタや，同時代のヴェネツィアと対比して，ローマの共和政を特徴づけたものである。スパルタやヴェネツィアはたしかに安定した共和国であったが，閉鎖的であり，都市国家の

ままであった。これに対し共和政ローマは貴族と平民の対立がやまず，そのためにつねに内乱の危険性があった反面，大帝国へと成長した。

　ここからマキアヴェリは，内部に対立があっても，それをうまく組織すれば，むしろ強大な軍事的エネルギーを生み出すという教訓を導き出す。静かな閉じた共和国より，状況に応じて違った人間の出てくる共和国の方が，軍事的にも望ましい。市民間の利害対立は必ずしも分裂を意味せず，葛藤や対立に積極的な意味があるとする革新的な発想であった。

　このようにマキアヴェリのローマ評価は軍事力という視点に基づくものであった。その意味では，『君主論』において陥った隘路を乗り越えるものであったともいえる。マキアヴェリの見るところ，君主よりも共和国を担い手とするとき，stato は拡大する。『リウィウス論』は共和国それ自体を一つの君主に見立て，共和国の周辺諸国に対する stato の維持・拡大を論じたものであった。

　なお，マキアヴェリはこのような結果を生み出すための条件として，宗教を用いることも提案している。神への恐れを利用して，人々を共和国のために働かせるというマキアヴェリの議論は，宗教を政治に従属させるタイプの議論の典型となる。マキアヴェリは，たえず対外戦争を続けることで市民を緊張下に置き，かつ経済的な余裕を与えないことを勧めた。

　このように，マキアヴェリは単純な君主政支持者ではなく，むしろ共和政をより望ましいと考えていた。とはいえ，同時代の他の人文主義者とは視点が異なり，共和政における自由よりはむしろ，その軍事的拡大能力に重きが置かれていたことが，彼の議論の特徴である。いずれにせよ，マキアヴェリが，古典古代の政治学を後の西欧社会に伝える重要な役割を果たしたことは間違いない。

2 宗教改革

宗教改革とは　中世末期以来のヨーロッパの歴史を振り返ると、宗教の影響力が一方的に後退する過程に見えるかもしれない。実際、ローマ教皇の権威が、バビロン捕囚と教会大分裂（シスマ）によって大きく損なわれる一方で、世俗の秩序の自律性を説く思想家の活躍が目立つようになる。

しかしながら、このような見方は一面的であり、何よりも宗教改革をうまく説明できない。宗教改革は大文字で始まる Reformation と表記されるが、マルティン・ルターによって始められた改革運動は文字通り、ヨーロッパ社会を再形成するものであった。ルネサンスがあくまで知識人中心であったのに対し、宗教改革は民衆を巻き込んで進行していった。

キリスト教の歴史とは、ある意味でたえざる教会改革の歴史であった。迫害された少数者の宗教として始まったキリスト教は、やがて帝国にも匹敵する組織へと成長する。とはいえ、結果として生じた教会の政治化に対しては、あらためて信仰の内面化を求める修道院の運動などが起きている。

その後も、公会議運動や、イングランドのジョン・ウィクリフ（1320 ごろ-84 年）、ボヘミアのヤン・フス（1369-1415 年）など、教会のあり方を問い直す動きが次々と生じた。ある意味で、ルターによる宗教改革はそのような教会改革運動の歴史の上に、はじめて可能になったといえる。

それでは、宗教改革とは、それ以前の改革運動とどこが違うのだろうか。結論からいえば、それまでヨーロッパ社会の統一を維持す

るのに貢献してきたキリスト教会の一体性が決定的に失われ，ローマ・カトリック教会に対してプロテスタント諸教会が誕生したことが最も重要である。世俗の権力によってではなく，むしろ教会の力で一体性を保持してきたヨーロッパ社会だけに，この変化はとくに深刻であった。

このことは政治権力のあり方にも影響を与えた。宗教はもはや社会の一体性を保障するものではなくなり，むしろ信仰の相違が政治的対立をもたらしかねないという意味で，宗教は政治にとっての重荷となっていったのである。

ルター

アウグスティヌス修道会士であり，ヴィッデンベルク大学で教鞭をとっていたルターが，「95カ条の論題（意見書）」を公にしたのは1517年のことである。この文書は，たちまちのうちにヨーロッパ中に伝えられ，大きな波紋を呼んだ。

きっかけとなったのは，贖宥状（免罪符）問題である。カトリック教会では，司祭が罪人の告白を聞き，神に代わってこれを赦し，ふさわしい罰を科して罪を償わせるしくみがある。これを改悛の秘蹟（サクラメント）というが，それが形式化することで登場したのが贖宥状である。ルターは，対価をとって罪の償いを免じる贖宥状を激しく批判したが，これは金銭のために，聖書にないことまでを説く聖職者の行為を問題視したためであった。

教会のなすべきことは，すべて聖書から出発すべきではないか。このようなルターによる問い掛けは，究極的にはローマ教皇の存在さえも脅かすものであった。このことからルターは異端審問にかけられ，結果として破門を宣告される。身の安全さえ保障されなくなったルターは，ザクセン侯の庇護を受け，その下で執筆を続けた。聖書のドイツ語訳をはじめとする彼の活動は，やがて大きな社会運

Key person ⑫　ルター（1483-1546 年）

　宗教改革で知られるマルティン・ルターは，マキアヴェリの同時代人といっていい。ルターが生きた時代の教皇は，まさにメディチ家出身のレオ 10 世であった。大学を出て法学を学ぶことを期待されていたルターは，ある日，野原で落雷に遭い，これを機にアウグスティヌス修道会に入る。やがてルターは，サンピエトロ寺院の改修の名の下に，贖宥状を売りさばくことで資金を集めていた当時のローマ・カトリック教会の現実を目撃し，そのあり方に対して疑問を深めていく。

　1517 年，彼は問題意識を「95 カ条の論題」にまとめ，ヴィッデンベルク城教会の扉に掲げた。以後，彼は論争の生活へと突入していく。最終的にはカトリック教会の存在そのものを否定したルターは，独自のプロテスタント教会（ルター派）を生み出すに至った。彼が聖書をドイツ語訳した結果，それまで聖職者による説教を聞くだけであった信徒たちは，自分で聖書を読むようになっていく。

動へとつながっていく。

　ルターの出発点は，その人間観にあった。罪深い存在である人間には，神の法を直観し，従う能力はない。このように考える点において，ルターはトマス・アクィナスよりアウグスティヌスに近かった。

　しかしながらルターはやがて，「神の義」は人間を罰する神の権力ではなく，むしろ罪深き人間を救おうとする神の恵みであると理解するようになる。これが彼にとっての大きな転回点となった。

　そこからルターは，人間がその行いによって神から救いを与えられるという考えを全面的に否定し，人が義とされ，正しい存在とされる唯一の可能性は「信仰のみ」（ソラ・フィデ）であると説くようになる。罪深い人間にできるのは，神の慈悲深い恩寵によって罪を償われる可能性をひたすら信じることだけである。この考えを信仰義認説という。

Keyword ⑫　政教分離（separation of church and state）

　政教分離原則の出発点となったのは，宗教改革である。宗教改革によって，それまでヨーロッパの一体性を支えてきたキリスト教の一体性は失われてしまった。むしろ信仰上の対立が直ちに政治的対立に転化するコンフェッショナリズムの時代が到来したのである。結果として，教会間の対立に対して，国家は距離を置くことを余儀なくされた。教会による正当化に頼っている限り，国家もまたその争いに巻き込まれてしまう。そうだとすれば，国家と教会は無関係にすべきではないか。少なくとも，権力と手をつないで，自分と違う信仰を弾圧するのはやめるべきではないか。このような考えから生まれたのが政教分離原則である。

　今日，この原則をめぐってはイスラム圏からの批判があるのに加え，それを認める国の間でも，聖書に手を置いて大統領が宣誓するアメリカと，より厳格に公共空間から宗教を排除しようとするフランスなどとの間で理解に違いがある。

　ルターの信仰義認説は，彼の教会観にも影響を及ぼした。キリスト教徒が救済を望みうる唯一の手段が信仰ならば，個々の信者と神を仲立ちする存在としての教会にいかなる意味があるのか。そこからルターは，可視的な教会の意義を引き下げ，むしろ信仰の内面化と個人化を推し進めることになる。

　また，ルターにとって，教会とは信者の集まり以外の何ものでもなかった以上，聖職者と一般の信徒もまた平等であるという考えが生まれる。これを万人司祭主義という。この場合，聖職者の独占的な聖書解釈権が否定されるが，これが後に大きな意味をもつことになる。

　ルターの宗教改革の影響は政治にも及んだ。彼が批判したのは，教会の腐敗だけではなく，権力機構としての性格をもつ教会のあり方そのものであった。ルターにとって教会とは，内面において信仰

をもつ人々からなる不可視の,霊的教会でなければならなかった。結果としてルターは,世俗の事柄はむしろ世俗の権力に委ねるべきであると考えた。

ルターの信仰をよく示しているのが,彼の『キリスト者の自由』(1520年)である。彼はこの著作の中で,キリスト者は何人にも従属しない自由な存在であると同時に,すべてに奉仕する僕(しもべ)であると説いた。神の前で義であろうとする人間は,その限りであらゆる社会的拘束から自由であるが,隣人愛の中で生きるためにも,あらゆる人の僕となるべきである。いったん自分を完全に否定することで,むしろ完全な自由を得られるという逆説をルターは説いたのであった。

このようなルターの目の前で起きたのが,ドイツ農民戦争(1524-25年)であった。しかしながら,この世に「神の国」を実現しようとする農民たちの暴動に対し,ルターはこれを世俗の権力が沈静化することを是認した。結果として,世俗の君主たちがその領邦における正統的な信仰を決定する領邦教会主義へとつながるこのルターの判断を支えたのも,ルターによる内面の自由の重視と,外面における世俗権力への依存であった。

本当の宗教を実現するためにも,世俗の権力は必要であるというルターの信念は,信仰を内面化し,非政治化したことの逆説的な帰結であった。

カルヴァン　このように,「信仰のみ」を強調する一方で,社会原理としての教会については積極的に語ることを避けたルターに対し,より明確に教会組織のあり方を考えたのがジュネーヴの宗教改革者ジャン・カルヴァン(1509-64年)であった。カルヴァンはその主著『キリスト教綱要』(1536年)において,自らの神学や教会組織論を展開している。

信仰の出発点において，カルヴァンはルターと多くを共有している。すなわち，罪深き存在として人間は，善き行いによって救われることはない。人間が正しい信仰の道へと入っていけるとすれば，それはすべて恩寵の賜物であるとカルヴァンは考えた。

　しかしながら，カルヴァンの場合，ルターに比べても，神の絶対性がさらに高まっている。これを象徴しているのが予定説である。この考えによれば，だれが救われ，だれが救われないかは，あらかじめ神によって決められており，個人の心掛けや行いによっては変えようがない。無力な存在である人間に，神の意図を知ることはできないという意味で，予定説は神の絶対性の論理的帰結であった。

　とはいえ，それでは自分が救われるか，絶対的な確信をもつことができない人間にとって，生活のすべてが無意味になるのだろうか。そうではないとカルヴァンは説く。人間は「神の器」として，現世における神の栄光を実現するために行動しなければならない。そのことが結果として，自らの信仰と神による選びを証明するはずであると彼はいう。

　このようなカルヴァンの教えは，あたかも善行主義に逆戻りしているかに見える。しかしながら，論理は逆である。人は善行によって救われるわけではない。自らの行為を通じて，神の教えに沿った正しい信仰の生活を送れたとき，そのことが，事後的に自らが選ばれていたことを証明するというのである。

　このことは教会論にも影響を及ぼしている。ルターにおける不可視の教会の強調に対し，カルヴァンの場合，目に見える教会の活動こそが重視された。しばしばカルヴァンの教会は「戦う教会（ecclesia militans）」と言い表される。

　教会は単なる信者の自発的集まりではなく，固有の秩序と組織をもつ客観的な存在である。信徒の生活を秩序あるものとし，まとめ

あげていくために，教会独自の制裁権を認めたのがカルヴァンの教会論の特徴であった。

宗教改革の帰結

宗教改革の結果は大きかった。ルターの「95カ条の論題」からわずか10年の間に，ルター派を公認する国が現れ，その教えはさらに北欧を中心に拡大していった。カルヴァン派はストラスブールやジュネーヴに共和政を実現させ，さらにフランス，ネーデルランド，スコットランドなどにも影響が広まっていった。

この結果，世俗の君主を教会の首長とする英国教会を設立したイングランドを含め，かつて信仰の普遍的共同体を誇ったヨーロッパは，信仰の上でいえば，カトリック，ルター派，カルヴァン派，英国教会の四つに分裂することになった。

ある国において「真の宗教」の名の下で迫害された宗派が，別の国では自らこそが「真の宗教」であるとして他の宗派を弾圧する。このような状況が，ヨーロッパの至るところで見られるようになったのである。

実際，カルヴァンが神権政治を実現したジュネーヴにおいては，人文主義者であるミシェル・セルヴェ（ミカエル・セルウェトゥス）が異端の名の下に処刑される事件が起きた。カトリックによるプロテスタントの迫害を非難したカルヴァンが，自らのジュネーヴにおいてはまさに不寛容を実践したのである。

このような不寛容に対しては，エラスムスが「真の宗教」をめぐって用いられる暴力を批判し，平和的な解決を説いた。また，その立場を引き継いだ人文主義者のセバスティアン・カステリヨン（カステリョ）は，カルヴァンによる迫害を激しく批判し，寛容こそがキリスト者のとるべき道だとした。とはいえ，このような主張は，燎原の火のように拡大する宗教対立の時代にあっては，かき消さ

2 宗教改革

れがちであった。

3 宗教内乱期の政治思想

迫害，寛容，抵抗権　宗教改革の結果，キリスト教は分裂し，多元化した。結果として生じたのは，「真の宗教」の名の下の迫害である。

　この場合，信者にとっての喫緊の課題は，自分が「真の宗教」と考えるものとは異なる宗教と結び付いた政治権力に対し，いかなる態度をとるべきかであった。カルヴァン自身は，国家は教会に対して奉仕すべきであるとする一方で，あくまで現存の国家はすべて神に発するとして服従を説いた。

　しかしながら，ジュネーヴでは「真の宗教」と権力の一体を説き，カルヴァン派が少数派である場所においては，「真の宗教」とは無関係に権力に従うことを推奨することには無理があった。やがて各地のカルヴァン派は，カルヴァン自身の思いを超えて，独自の運動を展開していく。そこで生まれたのが，宗教上の理由に基づく抵抗権の理論であった。

　ただ権力に従うだけでは，迫害に屈するばかりである。むしろキリスト者としての使命は，この世に「真の宗教」を実現すべく武器をとって立ち上がることではないか。カトリックの王権との対立が続いたスコットランドにおいて，少数派のカルヴァン派（長老派）の指導者であったジョン・ノックス（1510ごろ-72年）は，そのように説いた。

　神の代理人たる王が「真の宗教」を弾圧するならば，王は代理人としての務めを果たしていない。そうだとしたら，他の神の代理人

である貴族たちには王を処罰する責任がある。さらには人民にも王に抵抗する義務がある。抵抗する権利ではなく，義務とまで説いた点にノックスの議論の特徴があった。

この論理に従うならば，「真の宗教」こそが何よりも優先されることになる。しかしながら政治権力が一つの宗教と結び付くならば，迫害が起き，それが必ず抵抗を生み出す。この悪循環の中で，政治権力の役割について根本的な反省を行わざるをえなくなったのが，フランスであった。

政治的統一が弱かった神聖ローマ帝国では，宗教的対立が直ちに政治的分裂を招き，領邦教会体制へと移行した。これに対し，中央集権化の進んでいたフランスにおいては，激しい宗教内乱が数十年にわたって続いたのである。

フランスにおけるカルヴァン派はユグノーと呼ばれ，南仏を中心に拡大し，カトリックの強硬派組織「リーグ」と直接対決する事態となる。とくに1572年のサン・バルテルミの大虐殺の結果，王権に対する反抗はますます激化していった。

モナルコマキの諸相

このような君主による迫害に対する抵抗の理論として登場したのが，モナルコマキと呼ばれる議論である。モナルコマキとは文字通りには王殺しを意味するが，暴君は武力を用いて打倒してもよいとする議論であった。そこにはカルヴァン派の抵抗論と同時に，王の大権に対し自由や特権を主張してきた立憲主義の理論が合流している。

この当時に書かれた政治的パンフレットのうち，とくに立憲主義の色彩が強いのが，フランソワ・オマン（1524-90年）による『フランコ・ガリア』（1573年）である。オマンによれば，サン・バルテルミの大虐殺はフランスのイタリア化，さらにいうならば，マキアヴェリ化によってもたらされたものである。というのも，虐殺を命

じたシャルル9世の母カトリーヌ・ド・メディシスは,かのメディチ家の出身だったからである。

これに対しオマンは,フランスの古き良き法に着目する。ローマに征服される以前のガリアは自由な社会であり,王は世襲ではなく選挙によって選ばれていた。このガリアの自由はフランク族へと受け継がれるが,その伝統においては,王の権力といえども法と身分制議会(三部会)によって制限されていた。このように主張するオマンには,タキトゥス(☞第2章)の『ゲルマニア』の議論の影響が見られる。

カルヴァンの弟子テオドール・ド・ベーズ(1519-1605年)は,『臣民に対する為政者の権利について』(1574年)を執筆している。ここでベーズは,王が人民の同意していない権利を行使して暴君となったとき,すべての人々は議会に集まり,これに対抗することができると説く。王は役人の一人にすぎず,その権力が濫用された場合には,次位の為政者である貴族や身分制議会がこれを正し,王国を元に戻す義務があるとされた。

これらに対し,より「真の宗教」に基づく抵抗権を唱えたものとして『反暴君論』(1579年)がある(匿名であるユニウス・ブルートゥスの名で刊行されたが,ユベール・ランゲとフィリップ・デュ・プレシ・モルネの著作とされる)。

『反暴君論』はまず『旧約聖書』に基づき,王と人民は,神に対して神の法を守るという契約を結んだと説く。王が神法を遵守する限りにおいて,人民は王に対して服従義務をもつ。したがって,もし王が神法に違反した命令をするならば,人民はこれに従う必要はないどころか,そのような王に抵抗することこそが義務となる。

抵抗の担い手については,モナルコマキの議論の多くがそうであるように,『反暴君論』も,あくまで貴族や各身分の代表者を想定

している。個々の人民は抵抗の主体とはみなされておらず,身分のない私人には抵抗の権利はない。可能なのは暴君の下から退去することだけであった。

モナルコマキの諸議論を生んだフランスの宗教内乱であるが,やがてユグノーの首領であったアンリ4世が王位についたことが,転機となる。結果としてカトリックの「リーグ」は攻守所を変え,今度はユグノーの理論を援用して,悪しき王に対する抵抗を主張するに至った。

最終的にはアンリ4世がカトリックに改宗した後,1598年にナントの勅令を出す。ユグノーに対して大幅に信教の自由を認め,これによって混乱に終止符が打たれたのである。

ポリティーク派の寛容論

フランスにおいて,ユグノーともカトリック強硬派とも区別される第三の勢力に,「ポリティーク派」がある。彼らは信仰の自由や良心というよりは,純粋に政治社会の存続のために寛容を擁護した。宗教的統一を強行すれば,さらなる分裂を生み出す。そうである以上,両宗派の存続を認めた上で,王権による政治的統一をはかるべきだと考えたのである。

このようなポリティーク派を代表したのが,大法官ミシェル・ド・ロピタル(1505-73年)である。ロピタルは,良心は力で動かすことができず,もし信仰を強制すれば,それは信仰でなくなると考えた。それゆえにロピタルは,信仰と政治生活の分離を説き,権力による信仰への介入と,信仰を理由とする抵抗の両方を否定したのである。

とはいえ,ロピタルにとって,寛容はあくまで権力の側による政策であった。王による秩序の維持こそが重要なのであって,寛容は温情でこそあれ信者の権利ではなかった。

3 宗教内乱期の政治思想

このようなポリティーク派の政策と，ユグノー勢力とが結び付いてブルボン朝を生み出し，ナントの勅令（1598年）が実現する。とはいえ，重要なのはあくまで秩序の確立と王権の強化であった。やがて宗教内乱が終息し，フランス王権が安定した1685年にナントの勅令は廃止された。フランスは再びカトリック中心の国家に戻ったのである。

　宗教内乱に対するフランスの回答は，絶対王権の確立であった。新たな王権は官僚制と常備軍によって支えられ，王はあらゆる宗教的党派を超えた存在として正当化された。教会を介さずに，神から直接王権が与えられたとする王権神授説が登場するのも，このような文脈においてであった。王権が強大化した結果，身分制議会である三部会は1614年以降，フランス革命前夜に至るまで開かれることはなかった。

　このような経緯が明らかにしたのは，宗教がもはや世俗の権力を正当化してくれる後ろ盾となるよりはむしろ，信仰の相違に基づく対立や紛争という新たな困難を政治権力に押し付けてくるということであった。結果として，社会がいかに宗教を取り込むかが時代の課題となっていく。

ボダン

　ポリティーク派に連なる最大の政治理論家であるジャン・ボダンは，その主著である『国家論』（1576年）において，国家を「多くの家族とそれらの間で共通な事柄についての，主権を伴った正しい統治」と定義している。

　ここで注目すべきは，「主権」という耳慣れない言葉が用いられている点である。この「主権」こそが，ボダンが宗教内乱を克服するにあたっての鍵とした概念であった。ボダンによれば，国家を国家たらしめるのは宗教ではなく，主権である。それでは主権とは何か。それは「国家の絶対にして永続的な権力」である。

Key person ⑬　ボダン（1529/30-96 年）

　ジャン・ボダンといえば、「主権」の概念とともに記憶される政治理論家であるが、その思想にはきわめて斬新で革新的な部分と、むしろ伝統的ともいえる部分とが併存している。その思想は、しばしばマキァヴェリと関連づけて論じられるが、彼自身はマキアヴェリを激しく批判して、あくまで「正しい統治」にこだわった。彼が生きたのは宗教内乱に苦しむフランス社会であり、その同時代人には、『エセー』（1580 年）で知られるモンテーニュ（1533-92 年）がいる。宗教を含む道徳的真理に駆り立てられるとき、人間はいかに残酷になりうるか。このことを観察したモンテーニュが徹底的に懐疑主義的なモラリストとなったのに対し、ボダンは主権概念を生み出すことで時代と向き合った。人文主義的な教育を受けて法曹の道に進んだボダンは、王弟アランソン公に仕え、公の死後に引退し、晩年にはカトリックの「リーグ」にも近づいている。ノストラダムスの同時代人でもあったボダンは、魔女狩りについても著作を残している。

　絶対であるということは、他のいかなる権力者にも依存・従属していないということである。他の権力者に依存する主権など、語義矛盾にほかならない。したがって、主権とは、国内的には諸侯や貴族といった下位のあらゆる勢力に優越する最高の決定権限を指し、対外的にはローマ教皇をはじめとする外部からの干渉を排除できる権限を意味した。

　また永続的である以上、主権には任期がない。したがって、貴族や民衆の意向に左右される選挙王政などは、王政といっても名ばかりということになる。

　主権とは具体的にはまず立法権であり、さらに外交権、人事権、最終裁判権、恩赦権、貨幣鋳造権、度量衡統一権、課税権などであるが、注目すべきは、ボダンが立法権を「他人の同意なしにすべ

Keyword ⑬ 主権 (sovereignty)

　政治学の基本用語の多くが古典古代に起源をもつのに対し，主権は，プラトンやアリストテレスが知らなかった概念である。この概念が，宗教内乱期を生きたボダンによってその理論的基礎を据えられたのは偶然ではない。ボダンにとって死活的に重要だったのは，宗教的な信念に基づく抵抗を排除して，無秩序を克服することであった。この課題に応えるために，ボダンは他のいかなる権力者にも依存・従属しない主権者の重要性を説いたのである。主権というと，後世にはどちらかといえば対外的側面が強調されるようになるが，ボダンにおいては，対外的独立性と同時に，対内的無制約性も強調されている。また対外的という場合も，まず念頭にあったのはローマ教皇の存在であった。ちなみにカール・シュミットは『政治神学』（1922年）において，主権を教皇至上権に由来する「世俗化された神学的概念」であると論じている。これが正しいとすれば，皮肉なことに，主権理論とは国家が教会から学んだ理論ということになる。

の人々また個人に法を与える」権限としている点である。

　これは中世以来の「法の支配」とは全く対立する考え方であった。法は支配者と被支配者をともに拘束する上位のルールではなく，主権者による一方的な命令である。主権者は，慣習を含むあらゆる既成の法を自由に改廃することができるとボダンは主張した。

　ちなみにボダンは，アリストテレス以来の，伝統的な政体論にも変更を加えている。ボダンは，政体には王政，貴族政，民主政の三つしかないと論じた。これら三つの政体それぞれの統治の善し悪しなど，主権者の個人的属性と同じで，本質的な意味はないというのである。

　このように，ボダンは，伝統的な政治学において重要な意味をもった公共善の思想を放棄し，もっぱら無秩序の克服に議論のポイン

トを絞っている。市民（citoyen）についても，自治の契機を捨て，「他人の主権に依存する自由な臣民」として再定義した。

　ボダンはマキアヴェリを批判し，自らの政治学は「正しい統治」をめざすものだと主張し，国家の概念についても伝統的な République という言葉を使用した。とはいえ，ボダンの思想は伝統的な要素を多く含みつつ，やはり継承よりは断絶を画する政治理論家であったといえるだろう。

第5章 　17世紀イングランドの政治思想

❶ホッブズのリヴァイアサンの扉絵
(Bridgeman Art Library/PANA)。

　17世紀イングランドは革命の時代であった。王権と議会の対立に宗教問題が連動してピューリタン革命が勃発し，ついには王を処刑して共和国（コモンウェルス）が誕生する。やがて王政が復古するものの，再び危機の時代に突入して起きたのが名誉革命である。重要なのは，この革命の時代を経験することで，イングランドにおいて新たな政治学が生まれたことである。王の大権と臣民の特権の均衡をめざしてきたイングランドの伝統的な国制は，はたして秩序を回復することができるのか。この問いと向き合うことで，17世紀イングランドは多くの政治思想家を生み出すことになった。その場合，注目すべきはホッブズやロックだけではない。彼らはむしろ，同時代にあって例外的な存在ですらあった。そうだとすれば，この時代のイングランドにおいて主流を占めたのは，いかなる考え方だったのか。最終的に内乱を克服するのに貢献したのは，どの政治学だったのか。

1 イングランド内乱

イングランド内乱の展開

フランスにおける宗教内乱は，最終的には絶対王政の確立によって終焉を迎えた。これに対しイングランドでは，異なる展開が見られることになる。大権を掲げる王権に対し，議会勢力は自らの特権を主張して対抗，英国教会とプロテスタントという宗教対立とも連動して内乱に突入したのである。

イングランドにおいては，慣習的な法の集積としてのコモン・ローの伝統が形成されてきた。このため，国王の大権といえども無制限ではなく，コモン・ローによる基本法の一部を成すと考えられた。王（king），貴族（lords），庶民（commons）の三者が国制を形成し，その枠組みの中で大権と特権の両立がはかられたのである。

ところが，エリザベス1世による安定期の後，王位を継承したスチュアート朝において，状況は変化し始める。財政の悪化により王は議会を招集するが，増税への同意は得られなかった。王権と議会の関係が険悪化していく中，とくに1628年，マグナ・カルタ（大憲章）以来の臣民の権利を主張した権利請願（The Petition of Right）を議会側から突き付けられたチャールズ1世は，翌年に議会を解散し，以後議会なしで統治を行うことを決意した。

このような対立の構図に，さらに宗教問題が加わった。イングランドではヘンリー8世の時代に王を首長とする英国教会が設立されていたが，国教会から分離したカルヴァン派はさまざまなセクト（分派・教派）に分かれ，ピューリタンと呼ばれることになる。

この場合のセクトとは，信仰を同じくする人々の集合を意味する。

諸個人が自発的な意志に基づいて作り出すセクト型の組織は，制度としての教会が個々の信者に先行して存在する教会型の組織とはその性質を異にした。

特権的諸身分とピューリタンとが結び付いて形成された反王権連合は，議会による課税同意権や裁判権の回復，立憲主義の復活をめざした。議会派と国王派は互いに政治的パンフレットを刊行して対抗するが，焦点はイングランド国制の理解にあった。議論の応酬の中で議会派のヘンリー・パーカー（1604-52年）は，国王と議会が対立した場合，人民を代表する議会が優越するという議会主権を唱えるに至る。

これに対し，チャールズ1世は武力をもって対抗し，1642年，ついに王党派と議会は正面から軍事衝突した。イングランド内乱の勃発である。ここに，王の大権と貴族の特権の両立を基本的な枠組みとしてきたイングランド国制は，根本的な見直しを迫られた。

伝統的な枠組みは，あくまで王による暴政を抑制することを課題としたものであった。これに対し，今や暴政を超えて事態は内乱へと行き着いた。このような状況を前に，新しい政治学が生み出されていくのである。

レヴェラーズ

内戦の勃発当初，装備や実戦経験に劣る議会軍の劣勢が続いたが，やがてニューモデル・アーミー（新型軍）を率いるオリバー・クロムウェル（1599-1658年）の活躍もあり，ネイズビーの戦い（1645年）で国王軍に勝利し，第一次内乱が終結した。

しかしながら，軍事的対立が一段落すると，今度は議会派の内部での対立が激化する。議会派の中では，内乱前からすでに長老派と独立派の対立が起きていた。長老派が既存の形態の議会制を維持しようとしたのに対し，独立派は議会制を含め，政治機構の全面的な

1 イングランド内乱

改革を試みたのである。

議会や政治機構のあり方をめぐる両者の対立の背景には，宗教的な違いも存在した。長老派が英国教会に代えてピューリタニズムを国教にしようとしたのに対し，独立派は宗教をあくまで個人の問題ととらえ，自発的なセクト型の教会組織をめざしたのである。

やがて，このような議会派内部の対立につけ込もうとする国王派によって内乱が再開する。第二次内乱は短期間に終了するが，主導権を握った独立派は1649年，ついに国王を処刑した。ここにイングランドは，貴族院を廃止して一院制の共和国（コモンウェルス）になったのである。

この内乱を通じて，新たな政治勢力の台頭が見られた。ニューモデル・アーミーの将校には独立派が多かったが，これに対し，一般兵士たちを中心にレヴェラーズ（水平派）と呼ばれる，より急進的な民主的改革をめざす勢力が形成されたのである。

たしかに議会主権は実現した。しかしながら，はたして議会は本当に人民の味方であろうか。もし王に代わって，今度は議会によって人民が圧迫されるというのなら，何のために戦ったのかわからない。このようなレヴェラーズの主張は，1647年に開催されたパトニー討論会や，数度にわたって作成された人民協約（An Agreement of the People）においてよく示されている。

はたして政治的な権利とは，伝統や慣習によって基礎づけられるのか。レヴェラーズが問い直したのは，この点であった。彼らはむしろ，人間は生まれながらに基本的な権利をもっており，それは自然と理性にのみ根拠をもつと主張したのである。

マグナ・カルタに示されるように，これまで論じられてきたのは，歴史的に認められた個別的かつ具体的な権利（特権）であった。これに対しレヴェラーズが追求したのは，抽象的かつ普遍的な人間の

権利であった。

レヴェラーズは議会による支配を受け入れたが，あくまで議会が人民の代表であり，既得権擁護の機関ではないということがその前提であった。21歳以上の青年男性による普通選挙権を主張した彼らは，いわば人民を単に代表される・・・・だけでなく，代表させる・・・存在へと転換させようとしたのである。

その試みはわずか1年でクロムウェルに弾圧されることになるが，人民の自己統治の訴えの先駆的な事例となったことは間違いない。

ミルトン

すでに指摘したように，イングランドは一院制の共和国になった。とはいえ，パリに亡命して巻き返しをはかる王太子のチャールズをはじめ，王党派による抵抗は続いた。やがて軍を掌握するクロムウェルは議会を解散し，護国卿として独裁を開始することになる。

しかしながら，軍事独裁開始後も依然として政治は安定しなかった。結果として，クロムウェルの死後に，帰国して王位に就いたチャールズ2世によって王政復古が実現する（1660年）。共和国の実験は10年あまりで終わりを告げたのである。

この間，クロムウェルを秘書として支えたのがジョン・ミルトンである。ミルトンは，国王の政治権力は本来人民によって与えられたものであり，したがって公共の福祉に反する国王を殺害することは許されると主張して，チャールズ1世の処刑を正当化した。

ミルトンは，今こそ人民は国王や貴族院なしに自由な共和国を打ち立てるべきだと訴えた。このような考えは，国王の大権と議会の特権との調和をはかる伝統的な立憲主義を超えるものであった。

とはいえ，クロムウェルによる規律型の秩序維持を支持したミルトンは，あくまでエリート主義的であった。神の恩寵を受けた優れた少数者こそが支配の任にあたるべきだとするミルトンは，人民

1 イングランド内乱

> ***Key person*** ⑭　ミルトン（1608-74年）
>
> 　裕福な公証人の家庭に生まれたジョン・ミルトンは，大学時代から詩作を開始し，やがて詩人として名をなした。ところが国王チャールズ1世と議会の対立が深まる中，彼はピューリタンとして革命に身を投じる。独立派の一員として行動したミルトンは，クロムウェルの秘書も務めた。多くの政治的文書を発表し，革命と共和政を理論的に擁護したが，過労から両目を失明する悲運にも見舞われている。王政復古後は王党派の報復を受け，かろうじて拘束を免れたものの，その著作は焚書扱いされた。結局，政界を引退し，詩人としての生活に戻り，執筆した叙事詩『失楽園』（1667年）はキリスト教文学の不朽の傑作とされる。「すべての自由にもまして，知る自由，語る自由，良心に従って自由に議論する自由を我に与えよ」という『アレオパジティカ』（1644年）の言葉に示されるように，言論の自由のために闘ったことで，文学史のみならず政治思想史にも足跡を残した人物であった。

による直接的な民主政治には否定的な態度を示したのである。

　他方でミルトンは，国教会制度を厳しく批判し，セクト型の宗教組織をよしとした。国教会制は聖職者と権力者の一体化をもたらし，政治を不安定化すると同時に，宗教の腐敗の原因となる。信仰はあくまで個人の良心に基づくものであり，内面の自由を尊重するためにも，宗教組織は自発的なものでなければならないと主張したのである。

　このようなミルトンの考えの背景にあったのは，精神的な領域における自由な競争こそが真理を明らかにするという信念であった。カルヴァンが人間は基本的に悪しき存在であり，だからこそ正しい聖書解釈によって教え導かれるべきだと考えたのに対し，ミルトンはあくまで聖書解釈の自由を擁護した。ミルトンにとって，検閲は真理をもたない者の武器にしかならないものであった。

自由な国家

ちなみにミルトンを含め、このような内乱期において、繰り返し論じられたのが「自由な国家 (free commonwealth)」という理念である。この場合の「自由な国家」においては、国家の構成員である市民全体の意志によって政治的決定がなされることが、何よりも重視された。

これに対し、もし国家の意志がその構成員全体ではない、だれか別の人間によって決められた場合はどうなるか。この場合、参照されたのが奴隷のイメージである。奴隷は、自らの意志によって自身の行為を決めることができない。これと同じように、国家もまたその自由を失い、奴隷状態に陥ることがありうる。

一人の個人が自由になったり自由を失ったりするのと同様、国家もまた自由になったり失ったりする。他の国に支配されればそれは「自由な国家」ではないし、国家の内部に恣意的な専制権力が存在する場合も「自由な国家」ではない。あたかも国家自体を一人の人間とみなすかのように、自由と隷属を語ったのが特徴的である。

それでは国家の自由は、構成員である市民一人一人の自由といかなる関係にあるのだろうか。次節に登場するホッブズは、自由な国家と個人の自由との間に必然的な関係は存在しないと主張した。彼は、むしろ強力な主権者の下でこそ、個人は自由を安全に享受できると考えたのである。

しかしながら、ホッブズの同時代人の多くは、そう考えていなかった。彼らにすれば、自治を行う自由な国家においてこそ、個人もまた自由になる。ローマの歴史家リウィウス (☞ ***Key person*** ④) は、自由な国家においてこそ栄光と偉大さが実現されるとしたが、このような理念は『リウィウス論』を執筆したマキアヴェリを介して、イングランドにも伝えられたのである。

とはいえ、内乱が進行する中、自由とはあくまで個人の権利を防

> ***Keyword*** ⑭　寛容（tolerance）
>
> 　寛容とは，自分の信じるものとは異なる考え方や信念を尊重し，その自由を認めることである。ただし，過去の社会において，寛容がつねに認められてきたわけではない。たとえばキリスト教一つをとっても，寛容は決して自明ではなかった。初期においてこそ迫害の対象となり，寛容を求めたキリスト教徒であるが，自らがローマの国教となって以降，むしろ異端者を迫害することで神の正義を実現しようとした。さらに中世社会では国家と宗教が結び付いた結果，カトリックによる宗教的統一への挑戦は，激しい弾圧の対象となった。これに対し宗教改革によって，一国内に多様な信仰をもつ住民が混在するようになると，宗教的迫害とそれに対する抵抗がますます深刻化する。これに対しフランスのポリティーク派（☞第4章**3**）は純粋に世俗秩序維持の観点から寛容を主張したが，ミルトンは思想の自由な競争という視点から寛容を正当化し，ロックやヴォルテールによる寛容論へとつながっていった。

御するためのものであるという考えが次第に浸透していく。その場合，はたして自由な国家と個人の自由はいかなる関係にあるのか，両者の関係があらためて再検討されることになる。

2　ホッブズ

新しい政治学　　　王権と議会の均衡を保つことで，暴政を防ぎ，臣民の自由を守る。伝統的なイングランド国制論のポイントはそこにあった。ところが，内乱が進行するにつれ，イングランド国制は解体し，およそ秩序の存立自体が問われるようになる。自然状態とは戦争状態（「万人の万人に対する闘争」）だとするトマス・ホッブズの政治学の時代が到来したのである。

Key person ⑮　ホッブズ（1588-1679 年）

　トマス・ホッブズが生まれたのは，当時，無敵と呼ばれたスペイン艦隊がイギリスに侵攻するために出撃した年であった。このことから，ホッブズは自分の一生が恐怖につきまとわれたものであったと書き残している。オックスフォード大学で古典を学び，卒業後は貴族のキャベンディッシュ家に家庭教師として仕えた。経験主義哲学の祖であると同時に政治家でもあったフランシス・ベイコンの秘書を務めて，その影響を受けている。当時の貴族の子弟は教育の仕上げとして大陸旅行に出る習慣があったが，ホッブズもこれに同行し，ガリレオ・ガリレイ（1564-1642 年）やルネ・デカルトとも交流した。イングランドが内乱へと向かう時期，国王派に近かったホッブズはフランスへ亡命することになるが，執筆した『リヴァイアサン』はむしろ無神論的であると批判され，亡命先の宮廷への出入りを禁止されてしまう。結果として，イングランドへ戻らざるをえなくなるなど，政治的に翻弄された人生であった。

　とはいえ，ホッブズは内乱を見て急に『リヴァイアサン』（1651 年）の構想を思い付いたわけではない。内乱開始前からホッブズは『法の原理』（1640 年）を用意しており，その構想を『市民論』（1642 年），そして『リヴァイアサン』へと展開していったのである。ホッブズの脳裏にあったのは，宗教的対立から内乱状態に陥っていたヨーロッパ全体の無秩序であった。およそ内乱を克服するために何が必要か。これこそが彼の考察の主眼となった。

　しかもその際，ホッブズはこの課題を新たな学問構想によって実現しようとした。彼は古代ギリシアの歴史家トゥキュディデスの『戦史』（前 5 世紀）を翻訳しているように，もともと人文主義的な教養の持ち主であった。他方でホッブズは，ルネ・デカルト（1596-1650 年）らとの交流を通じて，その幾何学的精神の影響を受けることになる。学問において重要なのは，厳密さと明晰さである

ということが、彼のモットーとなった。

同様に「知は力なり」というフランシス・ベイコン（1561-1626年）の言葉もまた、ホッブズの新たな学問観につながっていく。学問とは人類の進歩、生活条件の改善に貢献してこそ、はじめて意味をもつ。自然をコントロールする力によって、学問の軽重もはかられるという考え方をホッブズは取り入れた。

結果としてホッブズは、古典的なアリストテレスの政治学に挑戦することになる。理論と実践の領域を区別したアリストテレスに対し、ホッブズは両者の区別を廃棄し、自然と人間を貫く厳密な学の上に、新しい政治学を基礎づけようとした。「自分の政治学をもって、はじめて政治学が始まる」とは、彼の強い自負を示す言葉にほかならない。

ホッブズは自らの学問を、『物体論』（1655年）『人間論』（1658年）『市民論』として構想した（実際に執筆した順番は、『市民論』が最初であった）。所与の共同体をいったん原理的に解体した上で、原子化した個人から出発して、秩序の再構築をはかったのである。

自然状態と自然法

それでは、ホッブズの目に、人間はどのような存在として映ったか。彼にとって、人間とは自らの生命を維持するために物質代謝を行う一個の生物にほかならなかった。外部からの刺激を受けて生じる感覚は、時の経過の中で定着して記憶になり、蓄積されて経験となる。人間は経験を組み合わせることで、判断能力を身につけていく。

とはいえ、ホッブズは人間の善悪の判断能力を信じていなかった。というのも、人間とは、自らによって快いものを欲し、恐怖を感じるものを避けようとするものであり、その限りで善悪の判断はあくまで主観性を免れなかったからである。当然、人によってその判断は異なり、客観的で絶対的な意味での善悪は存在しないことになる。

しかも人間は，先のことを考えてしまう。今，自分は何かをもっていても，将来はわからない。その予見能力ゆえに，人間の心は休まることがない。さらに人間は他人との比較によっても影響されてしまう。その虚栄心ゆえに人間の欲望は無限に拡大し，人間関係は陰惨なものとなるのである。ホッブズは人間を「プライドの子」と呼んだ。

　人間にとって，肉体的な力や富はもちろん，もっている知恵や雄弁，さらには良き評判までがその権力（power）となる。人間は権力を追求するが，それが相対的なものである以上，他人に対して不断に優越することによってしか維持できない。また，未来は不確実である以上，さらなる権力を追求しないと，今の権力すら保てない。ここから人間の自然状態は戦争状態であるという結論が導き出される。

　しかしながら，重要なのは，ホッブズがこのような人間観を単に否定的に論じたのではないことである。彼はむしろ，このような人間のあり方を，自然権（right of nature）として肯定した。ホッブズは議論の前提として，まず人間の平等を強調する。それも，理念的な平等ではなく，あくまで実力の上での平等を問題にした。ホッブズによれば，どんなに力のない人間でも，複数で襲えば強者をも倒すことができる。力だけでは支配は不可能であるとして，彼は実力説を否定した。

　人間はだれもが，自らの生命を維持するために，自分が適当だと思う手段を用いる権利をもっている。このように論じるホッブズにとって，自然権とはまず自己保存の権利であり，そのための手段に関する権利であり，さらに何が適当な手段かを判断する権利であった。人間の社会性をあてにせず，このような人間の自然権だけを前提に，いかに秩序が可能になるか。ホッブズのこの問いは，後世に

「ホッブズ問題」と呼ばれるようになる。

　人間はもちろん不断の戦争状態には耐えられない。人間の理性は，平和を実現するために努力をなすべきこと，また各自がその自然権を相互に制限すべきことを示している。ホッブズは平和を実現するための一般規則を自然法（law of nature）と呼んだ。とはいえ，この場合の自然法とは，自然権をよりよく実現するための理性の推論にすぎず，自分が契約を守っても，他人がそれを守る保障はない。違反者がいても，それを罰する共通権力（common power）が存在しないのである。

国家の成立

　単なる規範意識だけでは自然状態を脱することはできない。それに実効性を与える実力が必要である。「剣なき契約は言葉にすぎない」というホッブズは，人間は自らの自己保存を実現するためにも，共通権力を樹立し，政治社会を設立しなければならないとした。

　『リヴァイアサン』の表紙には，巨大な支配者の姿が描かれているが，よく見ると，その身体は，多くの人間から構成されていることがわかる。政治社会とは自然のものではなく，平等な諸個人が契約によって作り出す作為の産物なのである。

　ホッブズは，すべての人間が自らの権力と強さを一人の個人，もしくは合議体に委ねることで，より具体的には，この個人や合議体を自分の代理人とし，その判断を自分のものとして従うという内容の契約を結ぶことで，共通権力を樹立しようとした。

　ホッブズが問題にしたのは，各人が勝手に判断をすること（私的判断）であった。イングランド内乱においては，しばしば人間の良心こそが大切であるという議論が見られたが，ホッブズにいわせれば，良心もまた私的な意見にすぎなかった。このような私的判断を許している限り，自然状態を脱することはできない。ホッブズはこ

の問題を、判断主体を一元化することで乗り越えようとしたのである。

それでも、問題は残る。ホッブズは人間の間に自然な合意はありえず、最終的に人々を動かすのは恐怖の力であるとした。そうだとすれば、人々を恐怖の力で服従させる実力を自然状態からいかに生み出すのか。人々を従わせる実力を、人々の契約によって生み出すというのでは循環論になる。

ここでホッブズは国家の成立パターンとして、設立型と征服型の二つを示す。設立型の場合、人々の社会契約によって国家を設立するので、上記の循環論が問題になる。ホッブズの議論に矛盾があるとする後世の議論は、設立型に集中した。これに対し、征服型の場合、征服者はもともと実力をもっているとされる。ホッブズは内乱から生まれた議会政権を、征服者としてとらえた。

ちなみに、ホッブズの『リヴァイアサン』は、内乱によって生まれた議会による新政権を擁護するために書かれたと、しばしばいわれる。しかしながら、ホッブズにとっての問題は確固とした主権が存在するかどうかであり、それが一人の個人（チャールズ1世）であるか、合議体（議会）であるかは、二義的な問題であった。彼は目の前にある一院制議会による絶対政権を、征服型の国家状態として擁護したのであった。

宗教論と主権の限界

ホッブズの説く主権は、決して真理や客観的な妥当性に支えられているわけではない。むしろ「真理ではなく、権威が法を作る」のであり、自然法が主権者を拘束するとはいえ、何が自然法であるかは主権者が判断する。

結果として、国家は各個人の自己保存を実現するためのものでありながら、主権者の権力は無限のものとなる。「正しい統治」といったところで、何が正しいかは主権者が判断する以上、主権者を制

Keyword ⑮ 安全（security）

　ホッブズの政治思想は，安全（セキュリティ）を政治における最大の価値として示した点においても重要である。この言葉はラテン語の「セクーラ（se cura）」に由来し，本来，不安や心配がないことを意味する。ホッブズは，いかなる人間であれ，自らの生命を他者による危害から守り，維持することが共通の関心事であるという前提から，議論を出発している。

　近代の政治思想においてこの言葉の意味は，生命や財産などを物理的に守る「安全保障」から，やがて人々の暮らしを多様なリスクから守る「社会保障」へと拡大・深化していった。今日，犯罪やテロによって人々の日常生活が脅かされる中，物理的な安全が再び重要な政治的テーマとなっている。安全のためには，人々の生活が監視され，プライバシーが奪われることもやむをえないのか。はたして安全と自由を同一視してよいのかが，あらためて問い直されている。

約する原理とはなりえないからである。まさにホッブズの国家はリヴァイアサン（旧約聖書に出てくる怪物）であった。

　とはいえ，実をいえば，個人のリヴァイアサンへの服従は絶対ではない。ホッブズは，自分の命が危なくなった場合に，戦場からの逃亡さえ許容している。私的判断を否定する議論と矛盾するように思われるが，恐怖の力こそが人間を動かすと考えるホッブズにとって，最高度の恐怖に襲われた人間が判断不能に陥ることは，やむをえない事態であった。

　『リヴァイアサン』における宗教論にも，両義性が見られる。『市民論』までは英国教会の立場に沿った議論を展開していたホッブズは，『リヴァイアサン』に至って英国教会制を否定し，聖書の解釈権を世俗の主権者に委ねることになる。

　しかしながら，ホッブズは個人の良心を全く許容しないというわ

けではない。たしかにホッブズは良心を私的意見とみなしている。とはいえ，ホッブズが問題視したのは，臣民が主権者の命令に反して行動することであり，良心の存在自体を否定しているわけではない。行動に移すのでなければ，何を信じるかは自由であった。

ホッブズは，『リヴァイアサン』の第3・4部を割いて宗教を論じているが，そこで預言者についても論じている。この世に預言者を自称するものが少なくないが，神がある人物に啓示を与えたと信じることは，結局はその人間を信じていることに等しい。ホッブズは預言者を承認することも，あくまで主権者の権限とした。

その意味で，ホッブズの国家は外面的であり，信仰や良心に介入するものではなかった。外面的行動において法を遵守するならば，思想的な自由さえ許されたのである。それは，宗教上の対立から生じた内乱と戦ったホッブズの，一つの政治的結論であった。

3 ハリントン

「古代の知恵」　ホッブズの政治学は，王の大権と臣民の自由の調和をはかる伝統的なイングランド国制論とは，全く次元を異にするものであった。他方，ホッブズとは違う意味で，やはり伝統的なイングランド国制論の枠を越えた政治論を展開した人物がいる。『オセアナ共和国』（1656年）で知られる，ジェームズ・ハリントンである。ハリントンはホッブズと同じく，内乱の克服をめざす新たな政治学を構築しようとしたが，ホッブズとは違い，古代共和政ローマにその範を求めた。

ハリントンによれば，政治学の歴史には「古代の知恵（ancient prudence）」と「近代の知恵（modern prudence）」の二種類が存在す

> ***Key person*** ⑯　ハリントン（1611-77年）
>
> 　ジェームズ・ハリントンといえば，17世紀の空想的思想の一つとして記憶される『オセアナ共和国』の著者として知られる。また，土地所有に着目したその政治論は，マルクス主義の先駆とされることもあった。とはいえ，その後長らく忘れられた思想家の一人となっていたハリントンは，今や西洋政治思想史のキーパーソンの一人に数えられるようになっている。その理由は，マキアヴェリの『リウィウス論』を媒介に，古典古代の政治学を近代ヨーロッパへと伝え，さらには独立期のアメリカにも多大な影響を与えたことにある。若い時期にヨーロッパ大陸の各地を旅行し，オランダやヴェネツィアの共和政治を観察したハリントンは，ピューリタン革命期には非党派的な人物として，議会に囚われたチャールズ1世の執事にも起用されている。王の処刑に反対して政治から退き，『オセアナ共和国』の執筆に集中したにもかかわらず，王政復古後にはチャールズ2世によってロンドン塔に幽閉された。

る。この場合，「古代」と「近代」の区切りは，ゲルマン民族の移動と，西ローマ帝国の崩壊に見出される。

　「古代の知恵」とは，モーゼの古代イスラエルに始まり，ギリシア・ローマに受け継がれ，近代以降もヴェネツィアやマキアヴェリ（『リウィウス論』）によって守られた政治学である。この伝統においては，統治はあくまで平等な市民による政治社会（civil society）という枠組みにおいてとらえられ，だれがだれに支配されるかも共通の利益という視点から論じられた。

　これに対し「近代の知恵」とは，カエサルに発し，西ローマ帝国の崩壊後に異民族に受け継がれ，さらにキリスト教ヨーロッパ社会に広がった政治学である。この伝統においては政治社会という枠組みはなく，統治とは少数の人々が利益によって人々を支配することを意味した。中世ヨーロッパ以来の王の大権と貴族の特権の均衡と

いう議論は、まさに「近代の知恵」の産物であった。

このような区別の含意は明らかであろう。ハリントンの目には、国王・貴族院・庶民院から成るイングランド国制は、決して安定したものには見えなかった。ヨーロッパの君主政とはしょせん、複数の封建領主間の妥協の産物にすぎず、ひとたびその妥協が崩壊すれば、無秩序に陥りかねないものであった。現に、ハリントンの眼前にあったのは、内乱によって君主を処刑し、共和政になってなお安定しないイングランドの姿であった。

これに対し、ハリントンは『オセアナ共和国』において、理想の共和国の姿を示そうとする。その際、伝統的なイングランドの国制を批判するハリントンは、むしろ古代共和政ローマの混合政体論を継承し、発展させようとする。ホッブズと違い、ポリュビオス的な混合政体論こそが、無秩序を克服する鍵であるとハリントンは考えたのである。

軍隊と土地所有

ホッブズは恐怖の力こそが、服従を確保する上で重要であるとする。しかしながら、問題は恐怖を生み出すための軍隊をどこから調達するかであった。ハリントンは、法の実現には軍隊の実力が不可欠であるとした上で、さらに軍を養うための財産の所在を問題にした。

古代の都市国家をみればわかるように、自己武装した兵士による軍隊こそが、国家のあり方を左右してきた。その場合、人間は自分でパンを調達できる人とできない人とに分かれる。できない人は他者の庇護下に入り、その人に自らの必要を満たしてもらうしかない。そのような人間は、主人に服従する召使いとなるのである。

それでは自由であるために、言い換えれば、他者の意志に依存しないためには何が必要か。土地所有が重要であるとハリントンは説いた。彼は土地所有のあり方を基準に、三つの政体がありうると論

じた。土地所有のあり方こそが，統治構造を決定するというのである。

　まず，一人の君主が4分の3以上の土地を支配するとき，絶対王政が実現する。ハリントンは例としてオスマン・トルコをあげている。大部分の土地を所有する君主は，大軍を動員して，恐怖と必要によって全国を支配することが可能である。

　次に，かつてのイングランドがそうであったように，少数の貴族が4分の3以上の土地を寡占する場合，王の大権と貴族の特権のバランスによって，混合王政が成立する。そこでは封建制を前提に権力制限論が出てくるが，すでに指摘したように，有力な封建領主の対立によって不安定化する危険性がある。

　しかしながら，ハリントンの見るところ，同時代のイングランドでは，人民が4分の3以上の土地を所有するに至っている。この場合には，土地を所有する市民たちが自ら武器を担う共和政の出現が必至になる。

　そうだとすれば，イングランド内乱の原因も明らかである。イングランドではバラ戦争（1455-85年）やヘンリー8世の政策により人民の土地所有が増加していたが，統治構造はむしろ絶対王政的であった。このズレこそが革命を引き起こしたのであり，共和政の成立は土地所有のあり方からいって当然のことであった。

　ホッブズは一院制議会による政権を，征服型の国家として擁護した。これに対し，ハリントンにしてみれば，土地所有が平等化した状態で，征服者の政権が成り立つはずはない。生まれた共和政は征服ではなく，土地所有のあり方によって判断されるべきである。ホッブズが示した絶対主権という処方箋に対し，ハリントンはむしろ，平等な土地所有に立脚した「共通の利益」の支配こそが，内乱を克服する鍵であるとした。

『オセアナ共和国』の制度構想

『オセアナ共和国』は、偉大な立法者が出現することで樹立された、平等な共和国のユートピア物語である。そこでは土地の集中や分割が禁止され、平等な土地所有状態が維持されている。

ハリントンが重視したのが、「共通の利益」を実現するための制度構想である。一院制議会の共和政が機能不全に陥り、クロムウェルの独裁を余儀なくされたイングランドを眼前に、ハリントンは二院制の可能性に着目する。

共和政ローマを観察したポリュビオスは、王政・貴族政・民主政の単純政体は不安定を免れないとして、これらの諸要素を組み込んだ混合政体こそが最善であるとした（☞第1章**3**、第2章**1**）。ハリントンもまたポリュビオスにならい、貴族政的な要素と民主政的な要素を、元老院と民会の二院制として制度化しようとする。

なぜ、一院制はうまくいかないのか。各議員が自らの私的利益に固執するからである。ならば議会を二つに分割し、一つは討論をして提案をする議院（元老院）に、もう一つは提案を受けて投票で採決を行う議院（民会）にすればよいとハリントンはいう。

例にあげるのが、ケーキを切る二人の少女のたとえである。彼女たちにケーキを平等に分けるためにどうすべきか。一人の少女にケーキを切らせ、もう一人に選ばせればよい。結果として、ケーキを切る少女は、自分にとって不利にならないよう、ケーキをできるだけ正確に二等分するであろうとハリントンはいう。

元老院が自らの私的利益に基づいて提案を行っても、民会によって否決されてしまう。元老院に共通の利益を重視するよう訴えるのではなく、そうせざるをえないように追い込むことが重要であるとハリントンは考えた。

ただし現実の古代共和政ローマは、貴族と平民の対立が激化した

3 ハリントン

> ***Keyword*** ⑯ 共和主義 (Republicanism)
>
> 共和主義とは、古代ギリシアの都市国家や共和政ローマに由来する思想的伝統であり、「res publica」(「公共のことがら」から転じて共和政を意味する)を語源としている。人間の良き生活には政治参加が不可欠であるとするアリストテレスや、国家を公共の利益に基づく人的集合であるとしたキケロの思想を継承するとされる。とはいえ、あくまで現代の研究者による分析概念であり、論者によってその理解は多様である。同じく共和主義といっても、君主制の否定にその本質を見出すこともあれば、共和政ローマにおける公共の利益の支配やポリュビオス的な混合政体の伝統を強調することもある(本節におけるハリントンにも、これらの諸要素が見られる)。商業や奢侈による腐敗を批判し、公共精神としての徳を対置する思想を共和主義と呼ぶこともあれば、代表制の契機を強調して、民主主義による民衆の政治参加と対比的に共和主義を用いる例もある。

ことで倒れた。この点を乗り越えるために、ハリントンは元老院を世襲ではなく、任期制のローテーション制とすることを提案した。

それでは、ハリントンがポリュビオスにならって主張した混合政体は、イングランド古来の国制とどこが違うのだろうか。イングランドの伝統的な混合王政においては、王の大権と貴族の特権の間でバランスをとり、暴政を抑止することが重要であった。これに対しハリントンの場合、権力の主体を複数化することで動的な関係を維持し、政治制度の力によって私的利益を共通利益へと転換していくことが目的であった。

このようなハリントンの思考法は、次にあげるネオ・ハリントニアンのみならず、18世紀イギリスのデイヴィッド・ヒューム(☞ ***Key person*** ⑳)や、アメリカの建国の父たちにも多大な影響を及ぼした。

ネオ・ハリントニアン　1660年，チャールズ2世の即位により，王政が復古するとともに，貴族院も復活する。ここに，王と貴族院，庶民院から成るイングランドの伝統的な国制が再び現れたのである。共和政の実験は終わりを告げた。

　絶対主権を擁護したホッブズはもちろん，共和政の必然性を説き，世襲の貴族院を否定したハリントンにとっても，伝統的な国制の下で秩序が回復していったのは皮肉な事態であった。とはいえ，王政復古後も，ハリントンの議論の一部を継承する思想家たちが現れる。ヘンリー・ネヴィル (1620-94年) やアルジャノン・シドニー (1622-83年) ら，ネオ・ハリントニアンと呼ばれる人々であった (「ネオ・ハリントニアン」という言葉は，現代の政治学者ジョン・ポーコックによる造語)。

　ネヴィルやシドニーらは，ハリントンの議論の大枠を継承しつつ，それをイングランドの伝統的な国制と結び付けた。すなわち，イングランド古来の混合王政は，ハリントンのいうように世襲の貴族による不安定な政体ではなく，むしろ貴族が王権を抑制することで実現する，自由で安定した政体であると彼らは考えたのである。

　とはいえ，土地所有の問題に着目した点において，彼らは間違いなくハリントンを継承している。ネオ・ハリントニアンは，土地をもった貴族こそが自由であり，王権を批判する資格をもつとした。王権に寄り添い，官職や金銭の力に依拠する宮廷貴族ではなく，土地と結び付き，国王に対抗する気概をもつ封建貴族こそが自由を守るとしたのである。

　このようなネオ・ハリントニアンの議論は，やがてコート派 (宮廷派) に対するカントリ派 (地方派) の立場を支える理論として発展していく。彼らにとって，宮廷は利益誘導による腐敗の温床であり，強力な常備軍は自由の弾圧へとつながる危険な存在であった。

ネオ・ハリントニアンの主張は、一面において、内乱以前の言説への回帰であったが、時代状況もまた変化しつつあった。

1680年代に入ると、時代は再び危機の様相を示すようになる。チャールズ2世による議会の抑圧が顕著になる中、王位継承者である王弟ジェームズがカトリックであることから、王位継承問題が浮上したのである。この問題は、1688年の名誉革命へとつながっていく。ネオ・ハリントニアンはその重要な一翼を担った。

4 ロック

自然法と人間の認識能力

1680年代の王位継承問題を通じて、イングランドではホイッグとトーリーの両党派が形成された。王位継承問題に議会が介入できるとしたホイッグに対し、逆に議会による干渉を否定し、王の血縁を優先する側がトーリーと呼ばれるようになる（後の自由党と保守党）。ピューリタン革命以来の議会と王権の対立が、カトリック教徒の王位継承の可否をめぐって再燃した形となった。

ホイッグの領袖シャフツベリ伯との出会いから政治と深くかかわることになったのが、ジョン・ロックである。議会を解散して圧政を強めるチャールズ2世に対し、シャフツベリらはクーデタを試みるが、これを擁護するためにロックは『統治二論』（1690年）を執筆した。

政府の権力は人民からの信託を受けたものであり、不正な権力に対し人民は抵抗する権利をもっている。このように論じたロックはさらに、所有権（property）論を軸に人民と政府との関係を体系化し、恣意的な権力から個人の権利を守ることをめざした。このよう

Key person ⑰　ロック（1632-1704年）

　ピューリタン家庭に生まれたジョン・ロックは，内乱期にその青春時代を過ごした。オックスフォード大学卒業後，ホイッグ急進派の政治家シャフツベリ伯と知り合い，そのブレーンとなる。1680年代の王位排除法危機においては，チャールズ2世の圧政を批判するシャフツベリと行動を共にし，クーデタ計画の失敗によりオランダに亡命した。ちなみに『統治二論』はかつては名誉革命に際して書かれたとされたが，現在では，それに先立つ王位排除法危機の時期に執筆されたことが明らかになっている。シャフツベリはオランダで客死したが，ロックは名誉革命に際して帰国し，革命体制を擁護して，その安定化に努めた。『人間知性論』（1690年）や『教育論』（1693年）によって名声を博したが，『統治二論』は匿名で出版し，ロックも生前，これを自分の著作と認めることはなかった。他に寛容論に関する著作があり，さらにその労働論は後の経済学における労働価値説に影響を与えている。

なロックは，しばしば近代自由主義思想の祖とされる。

　ネオ・ハリントニアン的議論が主流であった同時代にあって，自然法や自然権の理論から社会契約を体系的に論じるロックの政治論はむしろ例外的なものであったが，その影響は独立期のアメリカをはじめ，広く後世の議論に及んだ。

　ロックの議論で特徴的なのはまず，自然法の理解である。ホッブズの自然法が，平和を実現するための理性の推論にすぎなかったのに対し，ロックの自然法は「自然の光によって明らかにされる神の意志」であった。神によって与えられた自然法の規則に，人間は従うことを義務づけられているとロックは考えた。

　このような議論は，一見，伝統的なものに見える。しかしながら，ロックは，哲学史上における経験論の定礎者として知られるように，人間はあたかも白紙（タブラ・ラサ）の状態で生まれてくるのであ

り，何ら生得の本有観念をもっていないと主張した哲学者である。

　ある意味でロックは，客観的な自然法の秩序を認める一方で，その自然法の内容が生まれながらの人間には備わっていないと主張したことになる。両者の緊張を架橋するのが，人間の認識能力であった。自然法は自動的に人間を支配するのではなく，人間が能動的に自然法を知るとロックは考えた。

　主権者に判断を委ねようとしたホッブズと違い，ロックがあくまで一人一人の個人の判断を重視する一方で，それが決して無秩序に陥ることがないと主張した背景には，このような認識論が存在した。

自然状態

　『統治二論』の第一論文は，ロバート・フィルマー（1588-1653年）の『パトリアーカ』（1630年代に執筆，1680年に公刊）に対する批判として執筆された。フィルマーは内乱期に活躍した非妥協的な王党派の理論家であり，王権神授説を展開したことでも知られている。

　フィルマーが批判したのは，政治的権威を人間の自由な選択に基礎づける考え方であった。彼にいわせれば，このような考え方が想定する人民の合意には，歴史的な根拠がない。あったとしても，特定の時点での合意が後の世代を拘束することはできない。それゆえ，このような考え方は政治をいたずらに不安定化させるものであるとフィルマーは論じた。

　逆にフィルマーが支配の真の源泉としてあげるのは，神がアダムに与えた家父長権である。父が家族を支配するこの権利が相続によって継承され，現在の王にまでつながっているというのが，彼の王権神授説であった。

　これに対しロックは，フィルマーは父の権力と政治権力（political power）を混同していると批判する。政治権力とは自由人の間の正当な権力であり，親が子どものために一定年齢に達するまで養育に

122　第5章　17世紀イングランドの政治思想

あたる権力や、主人が好きなように奴隷を使用する権力とは、本質的に異なるというのがロックの主張であった。

このようにしてフィルマーの議論を退けたロックは、第二論文でホッブズと同様、自然状態論から議論を始める。とはいえ、ホッブズの自然状態が「万人の万人に対する闘争」であったのに対し、ロックはむしろ、自然状態とは「各人が自然法の範囲内で、他人に依存することなく、自らの肉体や所有物を自らが適当と考える仕方で処理し、行動する自由な状態」であると考えた。

自然法は、自然権を制約するものとしてあらかじめ存在する。また自然状態における人間は、いかなる他者にも従属することがない。逆にいえば、相互の合意に基づかない限り、支配服従関係はありえないとする点において、ロックの議論はホッブズと対照的であった。

このようなロックの自然状態論を支えたのが、所有権論である。ロックによれば、神は人間の自己保存のために、万物を共有物として与えたが、人間は自然に労働を加えることで、自らの所有物とすることができる。

この場合、たとえば果実をとりすぎて腐らせてしまうと、他者の自己保存の妨げとなる。これを自然法違反とするロックは、そうでない限り、人間は自己の身体と、その延長にある労働の成果を排他的な権利として享受することができると論じた。

政治社会 このように、ロックの自然状態とは、労働の主体としての個人が、他者の財貨を奪うことなしに自立した状態であり、基本的に平和な状態である。とはいえ、そのような自然状態においても、紛争の可能性はあるとロックはいう。

なぜなら、自然状態においては、権利が損なわれても救済手段がないからである。すなわち、各自が自分で自然法を解釈して、相互

4 ロック 123

に制裁を加えるしかない。さらに、意図的に自然法を破り、他者の生命に計画的に攻撃を加える人間が出てくる可能性もある。

そうだとすれば、各自は自らの所有権を守るためにも、自力救済の権利を放棄して、自然法を解釈し執行する共通の政治権力を打ち立てる必要がある。そのことで個人は自然的権力を失うが、代わりに多数決で意思決定を行う政治社会（civil or political society）の構成員になるとロックは論じた（ただし、政治社会の設立には全員一致が必要）。

この場合、政治社会の任務は自然法の解釈と執行にあるが、ロックはそれぞれを立法権と執行権として区別する必要があると主張した。解釈と執行を同じ権力に委ねた場合、濫用の危険があるからである。人民の信託を受けた立法権が最高の権力であるが、その立法権も自然法に拘束され、執行権は立法権に統制される。

ロックは立法権と執行権以外にも、対外的な軍事や外交を司る連合権（外交権）をあげ、ある種の権力分立論を展開した。その本質は、それまで国王の大権とされていたものを執行権と連合権とに分け、執行権を立法権に従うものとして位置づけたことにあった。さらに従来、臣民の特権とされたものを所有権として読み替え、政府全体の目的を所有権の保全に見出した点も重要である。

逆にいえば、政府の権力はあくまで、各人の自然権をよりよく保障するためのものである。したがって、政府が人民の信託に違反する場合、人民は政府を解体し、政府に受託されていた権力を取り戻すことができる。

ロックがあげるのは二つの場合である。まず、国王が議会を開催しなかったり、自らの命令を勝手に法としたりしたとき、立法権の改変による権力の篡奪となる。この場合、事実上政府は解体したことになり、人民は新たな立法権を樹立することができる。

Keyword ⑰ 所有権（property）

　かつてロックによる所有権の理論は，近代資本主義の基礎となる個人主義を正当化するものとして理解されることが多かった。しかしながら，所有権論はより広い射程をもっている。ロックの所有権理論が画期的であったのは，所有権の基礎を労働に求め，究極的には各個人の身体の自己所有に基礎づけたことである。いわば，自らの身体は自らに固有（proper）であり，それゆえに，身体による労働の成果もその個人の排他的所有物となる。この論理によって所有権を正当化し，さらにこの所有権によって個人の自由を確保しようとしたことが，ロックの議論の意義である。これに対しヒュームらは，所有権は個人と物との関係ではなく，むしろ個人と個人の合意の産物であることを強調した。この立場からすれば，所有権とはまさに社会的合意の産物であり，慣習にほかならない。所有権とは何か，人は自らの所有物を意のままに処分できるのかをめぐって，今日でも議論は続いている。

　次に，立法権と執行権が人民の信託を裏切り，権力を濫用して人民の権利を侵害するときである。この場合，人民は武器をとって抵抗する権利がある（抵抗権）。さらに両者を裁く共通の判定者がいない以上，「天に訴えて」でも，専制権力となった政府を倒す権利をもっている（革命権）。

　現実には，無秩序を恐れたロックは，安易に抵抗権に訴えることに否定的であり，実際のところ，人民が抵抗することはめったにないとも指摘している。

　とはいえ，ロックの議論の後世への影響は明らかである。ホッブズらが，主権の崩壊により社会全体が崩壊し，無秩序につながると論じたのに対し，ロックは仮に政府が解体しても，人民や社会が解体することはなく，あらためて政府を作り直すことができると主張した。このように政府と社会を区別し，両者を対抗的にとらえたこ

とも、後の自由主義の思想につながっていった。

宗教論

自然法の理解からもわかるように、ロックにとって宗教論は重要な意味をもっていた。

ただし、ロックの考える政治社会は、所有権の保全という世俗的な目的のために樹立されたのであり、もっぱら世俗の事柄にしか関与しない。宗教は魂の救済を扱うが、世俗の権力はこれと無関係なのである。

ロックは宗教的寛容を重視したが、その前提にあるのは、聖書の解釈権は各個人のものであり、宗教上の組織は自由かつ自発的な結社でなければならない、という考えであった。信仰は各人の内面の問題である以上、宗教上の組織もまた説得による同意に基づかなければならない。このような条件の下でのみ、多様な教会が一つの政治社会において共存できるとロックは論じた。

ただし同時に、ロックは、宗教的寛容に例外も認めている。一つは他の宗派と平和に共存できない宗教であり、国家と宗教の分離を認めず世俗に介入する宗教である。明らかにロックは、カトリックを念頭に置いている。名誉革命のきっかけになったカトリック問題が、ここにも影を落としている。

もう一つは無神論である。人間社会の基礎に神による自然法を見出すロックにとって、神の存在それ自体を否定する無神論は、人間社会の基本に関する倫理を否定するものであった。原則として宗教には立ち入らないはずの国家であっても、自らの存立の根拠を危うくするものにはあえて介入する権利を認めた点に、ロックの特徴がある。

政治と宗教が切り離されたとはいえ、ロックの思想において両者は、自然法によって密接につながっていた。このことが、彼のすべての構想を支えていたのである。

第6章　18世紀の政治思想

●18世紀ヨーロッパにおける新たな知の拠点となり，啓蒙思想の基盤となったカフェ（Bridgeman Art Library/PANA）。

　16, 17世紀のヨーロッパに吹き荒れた宗教内乱は，18世紀に至ってようやく終息する。内乱を克服して成立した絶対王政の下，ヨーロッパは平和と繁栄の時期を迎えた。商業が活性化し，文化や学術の洗練が見られる一方，カフェやサロンなど，新たな知の交流の拠点が生まれたのもこの時代である。このような時代を背景に，政治思想はどのような展開を示したのだろうか。ブルボン朝の絶対王政による自由の抑圧を批判したモンテスキューは，近代の君主政のあり方を問い直した。理性によって野蛮を抑制しようとした啓蒙の思想家たちは，内乱をもたらした宗教的情念の克服をめざす中で，専制権力と両義的な関係に入る。さらにイングランドと合邦したスコットランドの地にあっては，商業や経済活動の発展がもたらす新たな秩序形成の可能性を理論化する思想家たちが現れた。18世紀とは，まさしく絶対王政による繁栄の光と影が問い直された時代であった。

1 モンテスキュー

絶対王政への知的抵抗　イングランドの17世紀は，革命と内乱の時代であった。最終的には名誉革命体制の確立によって内乱が終わるが，結果として生まれたイングランド国制を観察することで，独自の政治学を打ち立てたのがモンテスキューである。

モンテスキューが生まれたのは，ルイ14世治下のフランスである。宗教内乱を克服したブルボン王権は，太陽王とも呼ばれるこの王の時代に絶対王政の全盛期を迎えた。「古代人－近代人論争」という議論が交わされたことからもわかるように，今，自分たちがかつてない文明と繁栄の時代にいるという自意識が生まれたのも，この時期のことである。

このような時代にあって，フランスでも集権化を推し進める王権に対する抵抗がなかったわけではない。とくに貴族たちは自らの特権を主張し，高等法院（パルルマン）と呼ばれる司法機関を中心に反撃を試みた。しかしながら，フロンドの乱（1648-53年）の鎮圧により，武力抵抗の可能性は最終的に断たれることになった。

ボルドーの法服貴族（伝統的な帯剣貴族と対比される，売官制によって官職を購入した新興貴族。高等法院などを中心に活動した）の家に生まれたモンテスキューもまた，絶対王政による政治的自由の抑圧を批判した一人であった。とはいえ，モンテスキューの批判は，単に伝統的な立場からのものではなかった。このことは，後で見るような商業社会に対する積極的な評価からもうかがえる。

モンテスキューの文名を高めた『ペルシャ人の手紙』（1721年）

が，フランスを旅するペルシャ人を登場人物とする寓話的作品であったことに示されるように，彼の視点はヨーロッパ中に拡大した交通網の整備や，ヨーロッパ外部からの情報流入を受けてのものであった。

このようなモンテスキューが「イングランドの発見者」となったのは偶然ではない。モンテスキューは『ローマ人盛衰原因論』（1734年）の執筆に先立ち，オーストリア，ヴェネチア，ローマ，ドイツ，イングランドなどを旅している。モンテスキューはローマの古典に学ぶ一方で，その知見を自らの同時代の多様な社会のあり方と比較しようとしたのである。

このような視座から国王・貴族院・庶民院から成るイングランド国制を再評価したモンテスキューは，やがてその発見を独自の権力分立論へとまとめあげる。その理論は，フランス絶対王政に対してあくまで政治的自由を守ろうとしたモンテスキューの知的抵抗の産物でもあった。

共和政, 君主政, 専制政

モンテスキューは多様な社会を比較するにあたって，その政体と，背後にある社会条件の関係に注目した。考察は，気候，土地の地味，住民の生活意識，宗教，習俗などにまで及んでいる。モンテスキューは人間や社会を抽象的にではなく，あくまで具体的な相においてとらえようとしたのである。

人間は決して社会のあり方から独立して存在するのではない。人間を社会的存在としてとらえるモンテスキューは，ホッブズやロックのように抽象的な個人から出発して，ゼロから契約によって社会を組み立てるという発想をとらなかった。

『法の精神』（1748年）というときの「法（lois）」の理解も独特である。彼にとって，法とはある民族の歴史的経験の産物であり，多

Key person ⑱　モンテスキュー（1689-1755年）

　モンテスキューは領地の名前であり，本名はシャルル=ルイ・ド・スコンダである。法服貴族の家に生まれ，ラ・ブレードとモンテスキューの男爵の地位を相続した。時代はルイ14世による絶対王政の全盛期であった。モンテスキューはボルドーの高等法院副院長を務める一方，パリのアカデミーでも活躍した。異邦人の視点を借りてフランスの絶対王政を批判した『ペルシャ人の手紙』が話題となり，後にアカデミー・フランセーズの会員にも選ばれている。ヨーロッパ諸国を旅行し，イングランドに滞在してその政治のあり方を観察した。歴史と政治哲学を結び付けた『ローマ人盛衰原因論』や，15年もの歳月をかけた大著『法の精神』を執筆し，アメリカ建国の父やフランス革命にも多大な思想的影響を与えている。立憲主義や権力分立の思想で知られるモンテスキューは，政治体制を論じる際に，気候，習俗，宗教さらに商業までを射程に入れたことから，社会学の祖とされることもある。

様な社会的要因の影響を受けている。法を「事物の本性に由来する必然的な諸関係」と定義するモンテスキューは，一国の法は決して偶然の結果ではなく，諸条件との間に法則的関係があると考えた。

　ただし，モンテスキューは，政治のあり方が自然的・社会的条件によって完全に規定されていると考えたわけではない。諸条件によって規定されつつも，一定範囲内で政治制度を変更することは可能である。それでは，いかなる制度設計によって専制を回避することができるか。これこそが，彼の最大の関心であった。

　モンテスキューが政体を考察する際，基準は政体の「本性（nature）」と「原理（principe）」にあった。政体の本性とは，政体の形式を決めるものであり，具体的にいえば主権を有するものの数である。これに対し，政体の原理とは，その政体の内部で人々を活性化させる情念である。この二つの基準を組み合わせることで，三つの

政体を分類できるとモンテスキューは主張した。

第一は共和政である。これは人民の一部（貴族政の場合），もしくは全体（民主政の場合）が主権をもつ政体であり，その原理は徳である。徳とは，自分の利益より共和国の利益を優先しようとする自己犠牲的な公共精神を指す（このような徳の理解は，自らの運命を支配し，stato を拡大する能力として徳をとらえたマキアヴェリとはかなり異なる）。

第二は君主政である。これは一人の君主の支配であるが，君主の恣意ではなく，法によって統治される政体である。具体的には君主と民衆の間の中間権力として貴族が存在して，政体を支える。原理は名誉であった。

第三は専制政である。一人の人間が，いかなる基本法に拘束されることもなく，自らの恣意によって統治を行う政体であり，原理は恐怖であった。

このような分類は，アリストテレスの六政体論を三つに縮減したものであり，そこにはもちろん意図があった。モンテスキューの共和政のイメージは，古代ギリシアとローマである。その徳を支えたのは，質素で純朴な習俗であり，土地や財産の平等であった。

これに対し，君主政の名誉とは，他者に抜きん出て，名声を得たいとする野心である。商業や技芸が発達し，より複雑化した近代社会においては，個人の自己愛を許容する君主政の方がより適している。モンテスキューは，名声を得るためには困難な仕事に従事すべきだとして，自己愛を社会的に有益な方向に誘導し，秩序と両立させることが可能だと考えた。「不協和の調和」こそが，彼のめざすべきモデルであった。

そのようなモンテスキューであるが，もともとは共和政に対する憧憬をもっていた。しかしながら，やがて英仏の歴史を学び直す

1 モンテスキュー

中で、新しい秩序像を得ることになる。その鍵は伝統的な封建的君主政を、近代的な商業と結び付けることであった。新たな君主政像を描き出すことに成功したモンテスキューは、ついには徳ではなく名誉こそが、追い求めるべき価値であると主張するに至ったのである。

これに対し専制政のイメージはアジアであった（「東洋的専制」）。この言葉は奴隷を支配する家長（despot）から来ているが、今やフランスの君主政は専制政に転落しつつあるというモンテスキューの危機感が、この言葉にも込められている。

モンテスキューは、共和政は小国に、君主政は中位の国に、専制政は大国にふさわしいとした。ここからも、共和政を古代の都市国家、君主政を近代の領域国家、専制政をアジアの帝国に重ね合わせた彼の見通しがうかがえる。

イングランドの発見者

すでに述べたように、モンテスキューは「イングランドの発見者」であった。すなわち、フランス王権の専制化を懸念した彼は、これに対抗するイメージをイングランドの国王・貴族院・庶民院から成る国制に見出したのである。そこにはネオ・ハリントニアンの影響が見られた。共和政ではなく君主政こそが近代社会にはふさわしいと考えたモンテスキューは、古代ローマをそのままモデルとするのではなく、むしろ内乱を克服したイングランドから学ぼうとしたのである。

モンテスキューは諸権力の適切な配分が、政治的自由の鍵であるとした。そこには、権力を抑制するのは他の権力のみであるとする、彼独特の見方がある。このような権力集団相互の作用と反作用が政治を動かすという考え方は、その後の多元的な権力観にもつながっていった。

すでにふれたように、ロックの権力分立は立法権・執行権と連合

> ***Keyword*** ⑱ **権力分立（division of power）**
>
> 　権力分立論には複数の起源がある。古代ローマの安定性に着目したポリュビオスは，その理由を，王政・貴族政・民主政の 3 要素がローマの共和政の中にすべて取り込まれている点に求めた。彼によれば，ローマの政体とは，権力が執政官・元老院・民会の三つの機関に複雑に分割され，諸機関が均衡を生み出す混合政体であった。これに対し，中世ヨーロッパでは，臣民の同意がなければ国王は法の制定・改廃や課税を行うことができないとする，中世的な立憲主義の伝統が生まれた。国王の大権と市民の特権との調和をはかることで，権力の濫用を防止することがその目的であった。ある意味で，両者の伝統を統合して権力分立論を確立したのが，モンテスキューであった。国王・貴族院・庶民院から成るイングランド国制に着目したモンテスキューは，権力を抑制するのは別の権力のみであると主張し，立法権と執行権に加え，司法権に着目することで近代的な三権分立論へと道を開いた。

権（外交権）であったが，モンテスキューもまた国王の執行権を，貴族院と庶民院の立法権が抑制していると考えた。さらにモンテスキューはこれに司法権を付け加える。フランスの高等法院の役割を重視したモンテスキューは，執行権から司法権を独立してとらえたのである。ここに後の三権分立論の原型が見出せる。

　このようにしてモンテスキューは，それまでの身分制秩序と結び付いた伝統的な混合王政のあり方を，むしろ権力間の機能的分化を説く近代的な権力分立論へと向けて転換させる第一歩を踏み出したのである。

商業社会　モンテスキューは古代の共和政を支えた質朴な徳の精神よりも，自己愛を追求する名誉の精神を政治的に活用しようとした。このことは，経済活動に注目し，これを専制に対抗するための手段として用いようとするねら

1 モンテスキュー　133

いともつながっていた。

　モンテスキューにいわせれば、戦争や征服と異なり、商業や交易の発達は、人々の習俗を穏和にして、社会秩序を安定させる。財を必要とする権力もまた、財源確保のためには商業の発展を重視せざるをえないからである。結果として、権力は商業へのむやみな統制を避け、平和の維持に努めるようになるとモンテスキューは考えた。

　ただし、モンテスキューは全面的に商業を擁護したわけではない。ここまでの議論からも明らかなように、彼の商業社会論は、政治的効果の観点からなされたものであった。すなわち、あくまでも専制の防止こそが、その目的であった。

　モンテスキューが想定していたのは国王や貴族のいる身分制社会であり、彼はそのような社会のあり方に適合した富の配分システムを考えていた。したがって、専制への防波堤としての役割を期待された貴族については、むしろ彼らの商業活動への参入を否定したことにも明らかなように、商業という活動それ自体を評価する議論とははっきりと一線を画していた。

　とはいえ、モンテスキューの権力制限論は、伝統的な身分制秩序やそれに基づく抵抗権によるものではなく、商業の発達という社会経済構造の変化と政治を結び付けるという点で、明らかに18世紀的であり、アダム・スミス的な世界とも連続性をもっていた。

　17世紀が宗教内乱とその克服が主題になった時代であったとすれば、18世紀は商業を鍵とする文明社会の時代である。モンテスキューの政治学は、間違いなくそのことを予感させるものであった。

2 啓蒙思想

> 新たな知の拠点と
> ネットワーク

宗教内乱の記憶がようやく過去のものになりつつあった18世紀,ヨーロッパに新たな文化の胎動が見られた。この動きを象徴するのが「啓蒙」という言葉である。「啓蒙」とは英語でEnlightenment,フランス語ではLumières,さらにドイツ語ではAufklärungであるが,いずれも「光」や「明かり」を意味する。人間の理性という光によって無知の闇を照らし出し,すべてを合理的な検討の対象とすることをめざす知的運動であった。

かつてカロリング・ルネサンスにおいて修道院や司教座聖堂附属学校が,12世紀ルネサンスにおいて大学が重要な舞台となったように,18世紀ヨーロッパにおける知の拠点となったのは,サロン,アカデミー,カフェであった。これらはいずれも人と人,人と情報とが出会う新しい場を提供することになる。

このうちまずサロンは,女主人によって開かれた社交の場であった。かつては宮廷こそが豪華さを伴う社交が繰り広げられる場であったが,そのような場は次第に宮廷の外へと広がっていく。サロンで人々は,詩や演劇など文学・芸術をテーマに,会話を楽しみ洗練された趣味を競い合った。やがて女主人の関心によっては,哲学や政治が語られるサロンも出てくる。多くの啓蒙知識人が活躍したのも,サロンであった。

18世紀はまた「アカデミーの時代」であった。フランスの王立アカデミーや,イギリスのロイヤル・ソサエティなど,国家の支援を受けた研究機関が人文・自然学における学術の中心となっていく。

地方におけるアカデミー設立の動きも活発で、後にジャン=ジャック・ルソー（☞ ***Key person*** ㉑）が『学問芸術論』を執筆したのも、ディジョンのアカデミーによる懸賞がきっかけであった。また数学者であり、フランス革命期に政治的にも活躍することになるコンドルセ（1743-94年）は、科学アカデミーの（最後の）終身書記であった。

アラビアからもたらされたコーヒーを飲ませる場所として生まれ、やがて社交の場として発展していったのが、カフェやコーヒーハウスである。そこでは新聞や雑誌などの新たなメディアによって情報を得ることができ、さらに政治や経済についての議論を行う場ともなった。政党、保険、あるいは株式市場といった新たなしくみが発展したのも、カフェやコーヒーハウスであった。

新しく生まれた社交の場と情報メディアは啓蒙思想の基盤となったが、ここで生まれたヨーロッパ大の知のネットワークはしばしば、かつての「キリスト教共同体（Respublica Christiana）」に対し、「文芸共和国（République des lettres）」と呼ばれた。

啓蒙とは何か

啓蒙についてはいろいろな理解がありうるが、最もよく知られているのは、イマヌエル・カント（1724-1804年）の『啓蒙とは何か』（1784年）における定義であろう。彼によれば、啓蒙とは、人間が自ら招いた未成年状態から抜け出すことであり、自分自身の知性を使用する勇気をもつことである。「あえて賢くあれ！」、これこそが啓蒙の標語であった。

それでは、「自分自身の知性を使用する勇気」とは何であろうか。カントの見るところ、多くの人間は自分の頭で考えようとする前に、何らかの権威に頼ろうとする。「先生がいったから」「本に書いてあったから」「専門家のアドバイスだから」。人に聞くことそれ自体が悪いわけではない。問題は、最終的に自分で判断することを恐れ、だれか「権威」ある存在に、自分の代わりに決めてもらおうとする

ことである。

　人間はみな，独り立ちするのに十分なだけの知性を与えられている。それなのにその人が「賢く」ないとしたら，原因は知性の欠如ではなく，勇気の欠如にある。人はなぜ他者の指導に従うのかといえば，その方が楽であり，安全だからである。いわば怠惰と臆病こそが自己の知性の使用を妨げているのであり，啓蒙に必要なのは，知性の後見人からの独立であるとカントは主張した。

　ここまでの説明からも明らかなように，啓蒙とは，だれか優れた者がより劣るだれかを教え導くことではない。むしろその逆である。人が自分自身の知性を使用するのが啓蒙であり，だれか他者の指導に従うのは，啓蒙の否定にほかならない。しばしば使われる「啓蒙専制君主（enlightened despot）」という言葉にしても，その君主自身が啓蒙されていることが重要であって，君主が無知蒙昧な人民を教え導くという意味ではない。

　さらに，カントが理性の公的使用と私的使用を区別していることも重要である。それでは，理性を私的に使用するとはどういうことか。意外なことに，ある個人が職場の役職に基づいて発言するとき，それは理性の私的使用であって，公的使用ではないとカントはいう。なぜなら，理性を公的に使用するとは，一人の個人が地位や立場を離れ，世界市民社会の一員として考え，発言することを意味するからである。それと比べれば，地位に基づく発言は，あくまでその組織の論理の内にある。

　したがってある軍人は，上官の命令がおかしいと思っても，組織内部ではそれに従う必要がある。とはいえ，ひとたび勤務時間を終えれば，一人の市民として組織の瑕疵や不正を告発できるし，そうしなければならない。そのためにも，人々が自らの理性を公的に使用し，発言するための公的空間が必要である。その意味で，すでに

指摘した新たな知のネットワークこそが、カントの啓蒙理念を支えたのである。

> 道徳哲学

この時期、哲学の内容にも変化が見られるようになる。ヴォルテールは『哲学書簡』(1734年)においてイギリスの経験論哲学の紹介に努めたが、それはいわば、バロック期の知の巨人であったデカルトやパスカルに代えて、ロック (☞ *Key person* ⑰) とアイザック・ニュートン (1643-1727年) こそが知の参照点であると宣言するに等しかった。

このような知のパラダイム転換を一言で表現すれば、形而上学から経験論への移行となる。すなわち、独断的な理性ではなく、あくまで人間の経験的能力を重視するという立場であった。

ブレーズ・パスカル (1623-62年) は、数学者であると同時に、人間の根源的分裂に悩み、あくまで信仰によって超越的なものをめざした思想家である。彼にとって、人間の理性には超えがたい限界があり、理性の力だけでは、決して確実性には到達できないと考えられた。

これに対しヴォルテールは、キリスト教的生活よりはむしろ、人間性やその常識的な理性を信頼した。自己愛がなければそもそも社会は形成されないし、存続もしない。人間社会は罪の産物ではないとして、世俗的な人間性を認めることが彼の出発点であった。

そのようなヴォルテールにとって、最も憎むべきは宗教的な狂信であった。博愛を唱えているはずのキリスト教がなぜ迫害を行ってきたのか。自己の考えのみを押し通し、他を排除することこそが不信仰であると考えたヴォルテールは、イギリスをモデルとした、セクトに基づく宗教的多元主義を主張した。

激しい教会批判を展開したヴォルテールであるが、宗教それ自体を否定したわけではない。ド・ラ・メトリ (1709-51年) やドルバッ

Key person ⑲　ヴォルテール（1694-1778年）

　本名はフランソワ=マリー・アルエ。ヴォルテールは筆名である。哲学者・文学者であるヴォルテールは，まさにフランス啓蒙を代表する人物であった。文人・作家として名を成したヴォルテールは，その容赦ない批判的言動によってたびたび政治権力や教会権威の怒りを買い，投獄や海外移住を余儀なくされたが，屈することはなかった。むしろイギリス滞在をきっかけに，その経験論哲学や寛容思想にふれて『寛容書簡』（1763年）を執筆し，フランスへの紹介に努めている。「あなたの意見には反対だが，あなたがそれを主張する権利は命をかけて守る」という名文句で知られているように，言論の自由の擁護のために戦い，宗教的偏見に基づくユグノー冤罪事件であるカラス事件においては，被害者のために支援活動を行った。ディドロやジャン・ル・ロン・ダランベール（1717-83年）らによる『百科全書』に寄稿するなど，理性への信頼と知の総合的編集に貢献した思想家であり，文明史的な歴史論も残している。

ク（1723-89年）らの無神論に対して距離をとったヴォルテールが支持したのは，理神論（deism）の立場であった。

　理神論は，創造主としての神の存在を認める一方で，奇跡や神秘を宗教から排除する。いわば，信仰と理性の調和をはかる立場であり，神による創造の後には，世界は人間によって理解可能な理性の秩序によって支配されていると考えた。

　ヴォルテールは人間の自己愛を認め，そこから社会生活が始まると説いたが，このような考えを推し進めたのがクロード=アドリアン・エルヴェシウス（1715-71年）である。人間の行動を支配するのは感覚的な快楽と苦痛であり，自己利益の追求は人間にとっての自然である。このようなエルヴェシウスの主張は，ロックなどの感覚論を倫理思想に徹底して適用したものといえる。

ただし，ロックの場合は最終的に理性をもち出すのに対し，エルヴェシウスは効用の体系として議論を一元化している。その意味で，後にジェレミー・ベンサムによって展開される功利主義を先取りしたのが，エルヴェシウスの考えであったといえる。

フランス啓蒙による知の体系化である『百科全書』(1751-72年)の中心人物ドニ・ディドロ（1713-84年）もまた理神論から一歩を踏み出し，感覚論，さらに唯物論へと進んだ思想家である。すべての現象は物質とその運動であり，道徳もまた，人間の生理的条件に基礎を置いている。このような見地から人類の普遍的道徳も生まれるとディドロは考えた。

もちろん個々人の間には生理的な差異が存在する。各自の自己愛に基づく特殊意志（volonté particulière）が競合すれば，ホッブズのいうように不断の対立抗争となるであろう。これに対しディドロは，善悪や正義はあくまですべての人類の視点から考えるべきであるとして，全人類の視点を一般意志（volonté générale）と呼んだ。自然法とはいわば人類の一般意志であり，人間はこの自然法に服従する義務があると説いたのである。

啓蒙と政治権力

伝統的に権威とされたものに対し果敢に挑戦した啓蒙思想であるが，必ずしも政治的に革命的であったわけではない。ヴォルテールの場合，人間の社交性が議論の大前提にあり，社会契約論の立場をとらなくても，社会は自ずと実現するものであった。現状の社会にも自然法は存在するのであり，だとすれば自然状態に戻ってゼロからやり直す必要はない。啓蒙専制君主の力を借りてでも，教会や封建貴族による伝統的な慣習世界を打破して，文明社会を漸進的に実現していけばよいというのがその立場であった。

この点に関して，ディドロの示した軌跡が興味深い。ディドロも

Keyword ⑲　進歩（progress）

　世界は直線的な時間軸の上で連続的に発展していると考える「進歩」という発想は，人類の歴史において，それほど一般的なものではない。むしろ時間は円環のように，発展と衰退のサイクルを永遠に繰り返しているとする循環的な時間感覚の方がより広く見られる。古代ギリシアにおいても同様であった。

　これに対しキリスト教では，神による世界の創造と最後の審判によって，人類の歴史に明確な始まりと終わりを見出す。このようなキリスト教の時間感覚こそが，直線的な時間のとらえ方として進歩の思想にもつながっていった。

　17世紀末のフランスでは，いわゆる「古代人－近代人論争」が展開される。それまで古典とされてきた古代人より，近代人の方が文明・文化において優れているのではないか。このような発想は，さらにフランス革命期に活躍したコンドルセの『人間精神進歩史』（1793年）へとつながっていく。このような進歩の発想は現在，重大な岐路に立たされている。

また全人類の一般意志を実現すべく，初期には啓蒙専制君主に期待を抱いた一人である。しかしながら，やがて彼は，どれだけ正しいとしても専制的支配は人間から自由を奪い，奴隷にしてしまうのではないかという疑念を抱くようになる。

　人間の自由や個性は，決して単一の真理によって否定されるべきものではない。人々の間の差異や多様性は，それ自体として重要な価値であるとディドロは考えるようになった。このことからディドロは啓蒙専制君主批判へと立場を変え，政治的自由や，そのための権力分立の必要を訴えるようになる。最終的には革命論までを射程に入れたその議論は，やがてジャン=ジャック・ルソーらに受け継がれていった。

2　啓蒙思想

3 スコットランド啓蒙

合邦と社会変動

1707年、イングランドとスコットランドが合邦する。それ以前から同じ君主を戴く同君連合を構成してきた両国であるが、国家としてはあくまで別個の存在であった。この合邦によってはじめて、グレートブリテン王国（現在の日本語でいう英国、イギリス）が成立したのである。

このことは両国社会に大きな影響を与えたが、とくにスコットランドにおいて変化が激しかった。経済交流が拡大する中、急激に発展する社会のあり方をどのようにとらえるべきか。このような関心から、エジンバラ大学とグラスゴー大学を中心に多くの思想家が現れ、スコットランド啓蒙と呼ばれることになる。

スコットランド啓蒙のメンバーとされるのは、アダム・スミス（1723-90年）やデイヴィッド・ヒューム（☞ *Key person* ⑳）をはじめ、フランシス・ハチスン（1694-1746年）、ジェームズ・スチュアート（1713-80年）、アダム・ファーガソン（1723-1816年）、ジョン・ミラー（1735-1801年）といった人々である。彼らが論じたのは文明社会論、歴史、政治経済学であり、現代の社会科学におけるほとんどの領域をカバーしている。

他方、イングランドでも、名誉革命以来、ようやく政治的な安定期を迎えていた。ウィリアム3世の下、大陸での戦争に関与したイングランドは常備軍を拡充する一方、イングランド銀行の創設や公債発行によって財政革命を経験した。イングランド・スコットランドの合邦を受け、イギリスはいよいよ商業的・軍事的な大国への道を歩み出したのである。

商業活動が活発化し，社会変動が激しくなる中，あらためて社会の変化を理論化する必要が出てくる。さらに，そのような変化を受けて，人々の公共精神の行方がどうなるかについての関心も高まった。まさに「富（wealth）」と「徳（virtue）」こそが，時代のキーワードになっていったのである。

　このような課題に対し正面から応えたのが，スコットランド啓蒙の理論家たちであった。彼らは，独特な文明社会論と道徳哲学を発展させることで，大陸の啓蒙とは異なる，もう一つの啓蒙思想を展開したのである。

カントリ派とコート派

　このような社会の変化は，従来の政治論との間に緊張を生み出すものでもあった。すでに指摘したように，ネオ・ハリントニアンと呼ばれる人々（☞第5章**3**）は，土地所有こそが自立の基盤となり，王権の肥大化を抑制して自由を守る砦になると考えていた。いわば，自由と独立への気概を土地所有と結び付けて考える点に，彼らの特徴があった。

　このような視点に立つとき，商業活動の活性化によって人々が奢侈を追い求め，物欲を募らせることは，由々しい事態であった。人々は土地ではなく，動産を追い求めることに夢中になり，政治を支える公共精神が失われていくからである。

　このような危機感をもち，あくまで土地所有に重きを置いた人々はカントリ派（地方派）と呼ばれた。これに対し，むしろ商業活動の意義を評価する人々は宮廷を中心に集まり，コート派（宮廷派）を形成する。両派の対立こそが，この時期のイギリス政治の中心的主題となったのである。

　ホイッグ寡頭派の指導者ロバート・ウォルポールは初代の首相として，20年を上回る長期政権を実現する。彼はコート派の中心人物になり，金銭や官職によるパトロネージ（恩顧）によって議会を

操縦しようとした。このことは、野党生活を余儀なくされたトーリー＝カントリ派にとっては、政治権力の腐敗にほかならなかった。

かつて国王の特権を批判したホイッグ派はいまや権力の側に回り、逆にトーリー派がカントリ派の立場に立つ。野党になったトーリー派は、政府による悪しき影響力の行使を批判した。このような対立は党派（party）による争いとして当初は批判的にとらえられたが、やがて二大政党による政党政治として、実践的にも理論的にもイギリス政治に定着していくことになる。

カントリ派とコート派の対立の焦点となったのは、常備軍問題であった。伝統的にイングランド、スコットランドは常備軍をもたなかった。戦争の必要があれば、国王の呼び掛けに対してその都度、貴族たちが民兵（ミリシア）を編成して集まったのである。戦争が終われば軍は解散した。

財政革命による歳入増加の結果、常備軍の保有が可能になると、このような伝統は次第に揺らいでいく。カントリ派にしてみれば、民兵の制度こそが国を支える公共精神の基盤であり、これが失われれば武力を独占した国王による専制政治は不可避であった。

倫理的にみれば、カントリ派があくまで徳と公共精神を強調することで、道徳理論をあまり語らなかったコート派に優位したともいえる。とはいえ、やがてこのような両派の対立を無効にするような議論が出てくる。人間の自己愛や奢侈の追求を肯定的にとらえたバーナード・マンデヴィル（1670-1733年）が、その先駆けとなった。

マンデヴィルはその著作『蜂の寓話――私人の悪徳すなわち公益』（1705年）において、人間の自己愛こそが商業社会を支えていると主張した。これは伝統的な、奢侈を腐敗と結び付けて批判する議論を否定するものであり、私人の悪徳であるはずの利益追求が、むしろ社会の発展をもたらすというものであった。

Keyword ⑳ 利益（interest）

　古代ローマのキケロが国家を公共の利益によって結び付けられた人的集合として定義したように，人々に共通する利益や，社会全体にとっての利益という概念は，政治を考える上できわめて重要な意味をもってきた。このような意味での公共の利益は，各個人や集団に特殊な利益である私的利益と対置されるが，私的利益が積極的に語られるのは近代を待たなければならなかった。ちなみにアリストテレスは，共同体内部における等価交換を重視し，市民相互間の取引において利益＝利子が生じることを否定的に論じている。

　これに対し宗教内乱を経験した17世紀以降，宗教的な情念の噴出を抑止するためにも，むしろ経済的な利益や儲けの追求を肯定しようとする議論が登場する。私的利益の追求活動を正面から認め，むしろその力を借りて秩序を作り出すことに関心が集まったのである。経済学の創始者となったアダム・スミスは，利益をむしろ人々を結び付けるものとして論じている。

道徳哲学と文明社会論　　私的利益の追求を公共精神と対置し，二者択一を迫るような思考を乗り越えようとするマンデヴィルの議論は，スコットランド啓蒙の思想家たちによってさらに発展することになる。

　スコットランド啓蒙の思想家たちにとっての最大の関心事は，社会の動態的な変化をどうとらえるかであった。急激な社会変化を見せるスコットランド社会を眼前にして，未開，野蛮，貧困といった状態から，社会はいかにして洗練された豊かな文明社会になるか。このことが，彼らの重要なテーマとなったのである。

　ここで登場するのが，有名な四段階の発展論である。彼らは歴史を，狩猟・採集段階，牧畜段階，農業段階，そして商工業段階へと分類する。いわば，普遍的な人類史の見取り図として，歴史の発展

を示したのである。

　この四段階論は，政治思想史にとっては，独特なインパクトをもった。というのも，従来の政治学においてつねにモデルとされてきた古典古代の社会は，この図式では農業段階に位置することになるからである。言い換えれば，古典古代は，過去のすでに乗り越えられた段階として，相対化されたのである。

　このような四段階論に基づき，スコットランド啓蒙の思想家たちは，文明社会にふさわしい道徳哲学，商業社会論，国制論を探究する。中でもアダム・スミスは，道徳哲学や修辞学の研究から出発して『道徳感情論』（1759年）を執筆し，さらに『諸国民の富（国富論）』（1776年）を発表することで，法学とも政治学とも区別される経済学の領域を確立することになった。

　ちなみに，ここで「道徳哲学（moral philosophy）」という場合，moralとは狭い意味での道徳の領域を意味しない。むしろ人間と社会の領域を広く指すものであり，19世紀以降であれば，社会科学と呼ばれるものに近かった。

　このような道徳哲学が探究した対象が文明社会である。スコットランド啓蒙の思想家たちは政府と社会を明確に分離し，社会を人間の分業と交換が生み出した自律的な領域としてとらえた。人間の水平的な相互作用の結果として形成されたのが文明社会であり，文明社会はもはや個々人の行為によって影響されることなく発展していく。文明社会を商業が発達した自由な社会として積極的に描き出したのが，スコットランド啓蒙の特色であった。

ヒューム

　このようなスコットランド啓蒙と，カントリ派とコート派の論争の結節点に位置するのがヒュームである。

　商業と学問が発達するにもかかわらず，理性と情念，自由と権威

Key person ⑳　ヒューム（1711-76 年）

　エジンバラの出身であるデイヴィッド・ヒュームは，まさにスコットランド啓蒙を代表する哲学者の一人である。哲学史におけるヒュームは，ラディカルな懐疑論者として知られる。ロックの経験論を徹底したヒュームは，客観的な実体や法則とされるものも，実は経験による蓋然的な推論にすぎないのではないかと考えた。その合理論批判は，カントをして「独断のまどろみを破った」とまで言わせたほどである。ヒュームは，大著『イングランド史』（1754-61 年）を執筆した歴史家でもあり，さらに社会契約説批判や貨幣数量説などでも記憶される政治学者・経済学者であった。無神論者という評判から，望んでいたエジンバラ大学などの教職に就くことはできなかったが，アダム・スミスの友人であり，モンテスキューと文通するなど，当時の知のネットワークの中で重要な位置を占めた。フランスを逃げ出したルソーを受け入れたにもかかわらず，最後はむしろ絶交されたというエピソードもある。

の間の対立が最終的に克服不能と考えたヒュームは，むしろ両者の緊張関係を創造的なかたちで活かすことを考えた。ヒュームは，名誉革命によって確立したイングランド国制を君主政と共和政の妥協としてとらえ，伝統的な土地所有階級と新興の不動産所有階級についても，それぞれの役割を認めて両者の共存をはかった。

　そのようなヒュームにとって，正義とは何であったか。正義をあくまで人工的なものとしてとらえたヒュームは，理性ではなく情念こそが正義を支えていると考えた。人間はその欲求を満たすために社会を築くが，やがて社会を営む上で，それにふさわしい習慣を形成する。所有権もまた，他人の財産には手を出さないという「暗黙の了解（convention）」として形成された。その方が社会もうまくいくと思って人々が従っているのが正義であり，明示的な契約によるものではない。

政府の役割は所有権を尊重して正義を執行することにあるが，人々が政府に従っているのも，契約があるからではない。原始契約の存在を否定したヒュームは，あらゆる政府の基礎は人々の意見にあるとした。

　権力が社会の秩序や利害に適っていると思う限りにおいて，人々は既存の政府を支持する。最初は征服によって成立した君主政も，時間の経過とともに国民に受け入れられるようになるとヒュームは考えた。すべては歴史上の事実の問題にすぎないとする点で，彼の議論はホッブズやロックとは異質であった。ヒュームはむしろ，宗教内乱を克服した近代の君主政を前提に議論を展開したのである。

　商業や学問の発達を肯定するヒュームは，宗教的狂信を嫌い，信仰によってかき立てられた情念を危険なものとみなした。それゆえに宗教的な信念に基づく党派を，個人間の愛憎関係に基づく党派とともに否定したが，その一方で，利益に基づいて生じる党派に対してはこれを容認した。

　自由な国家に党派はつきものであり，とくに利益による対立や競争は，自由を守る上でむしろ有益である。このように考えたヒュームの議論は，その後の政党肯定論にもつながっていった。

第7章　米仏二つの革命

○フランス七月革命を主題にして描かれた「民衆を導く自由の女神」
（ドロクロワ画）（Bridgeman Art Library/PANA）。

　政治的・経済的発展の一世紀であったはずの18世紀は，意外なことに，その最後になって，二つの革命を経験することになった。アメリカ独立革命とフランス革命である。絶対王政の下，もはや大規模な内乱はありえないと思われていた西洋社会になぜ革命が起きたのか。一方のアメリカの独立は，大西洋をまたがる連合王国を形成していたイギリスの秩序を揺るがす大事件であった。君主のいるイギリスから独立したアメリカは，独自の連邦制共和国を創設することになるが，それを主導した建国の父たちの思想は『ザ・フェデラリスト』にまとめられている。他方，フランス革命についても，当時のヨーロッパの外交や文化の中心国で起きた革命だけに，その影響は大きかった。しばしばフランス革命に影響を与えたとされるルソーの思想は，どのように形成されたのだろうか。革命は当時の知識人たちに，どのように受け止められたのだろうか。

1 ルソー

> 『学問芸術論』

ジャン=ジャック・ルソーとヒュームの生涯は，時期的にいえば，ほとんど重なっている。にもかかわらず，あくまで学問や商業による社会の発展を信じた18世紀人ヒュームに対し，ルソーの文明社会に対する批判的態度は，ほとんど時代錯誤的とも言えるものだった。

幼き日にプルタルコスの『英雄伝』を愛読したルソーは，古代ギリシアのスパルタやローマにあこがれた。市民の暮らしは貧しくつましいものだったが，自由のため，祖国のために武器をとって闘う気概をもっていた。ルソーはこのような気概を徳（vertue）と呼ぶ。

これに対し，学問や芸術が発展すると，奢侈や退廃がはびこり出す。市民の良き習俗（mœurs）は失われ，人々は見せ掛けばかりを気にするようになる。表面的には繊細でエレガントな文明人の外観の下には，悪しき情念が隠されている。徳が失われ，才能（talent）ばかりがもてはやされる時代に，ルソーははっきりと背を向けたのである。

ルソーはディジョンのアカデミーの懸賞論文に応募した。「学問・芸術の復興は習俗の純化に貢献したか」という課題に対し，ルソーは『学問芸術論』（1750年）において，「学問芸術の光が地上に昇るにつれて徳は逃亡する」と答えた。

問題は，このようなルソーの反時代的な姿勢がもった意味である。啓蒙思想が文明社会による無知や野蛮の克服を説き，古代社会が完全に過去のものになったかに思えたこの時代にあって，ルソーの問い掛けは，18世紀的な文明に根本的な反省を促すものであった。

ルソーにとって学問や芸術は，野心や自己愛の産物にほかならなかった。文化の洗練は，人間を自由にするどころか，むしろ文明という名の鉄鎖にしばって人間感情を抑圧する。人間の外観と内面の乖離(かいり)を問題視し，透明なコミュニケーションの可能性を追い求めたルソーは，逆説的に時代の最も先鋭な問題意識を示したのである。

　結果として，あたかも時代錯誤的かに見えたルソーの態度は，ラディカルな政治批判へとつながっていった。同時代の多くの思想家が啓蒙専制君主に対して妥協的な態度をとったのに対し，徳と自由を掲げたルソーは敢然と革命の論理を追い求めたのである。

　『人間不平等起源論』　きっかけは再び懸賞論文であった。今度のテーマは「人間の間において不平等はなぜ生じるのか。これは自然法によって正当化されうるか」である。社会の不平等を容認し，自然法で正当化した啓蒙思想家が少なくなかった中，ルソーは『人間不平等起源論』（1755年）において，これに正面からの批判を展開する。ホッブズ（☞ ***Key person*** ⑮），ロック（☞ ***Key person*** ⑰）やフーゴー・グロティウス（1583-1645年）に遡(さかのぼ)って自然法論を検討し直すことで，独自の社会理論を築いていったのである。

　ルソーの批判のポイントは，理論家たちの自然状態論に，実は文明社会に生きる人々の姿が投影されていることにあった。たとえばホッブズは自然状態が戦争状態であると論じるが，前提となるのは他者と自らを比較し，虚栄心に苛(さいな)まれる個人であった。

　しかしながら，ルソーにいわせれば，そのような個人はあたかもパリやロンドンに暮らすブルジョワ（市民階層）のようである。いわば社会状態にある人間の情念が，自然状態の人間に読み込まれているとルソーは批判した。

　これに対しルソーは，自然状態を人と人との間に一切の関係がな

1　ルソー　151

Key person ㉑　ルソー（1712-78 年）

　ジャン=ジャック・ルソーはジュネーヴの時計職人の家に生まれた。その幼年期については、『告白』（1782-89 年）に詳しい。やがて 16 歳のときにジュネーヴを出奔、各地を放浪してフランスに落ち着いた。音楽で身を立てるべくパリに移るが、生活は苦しく、愛人との間に 5 人の子どもを作り、すべて孤児院送りにしている。やがてディドロらの知己を得て『百科全書』にも項目を執筆したが、転機となったのはディジョンのアカデミーの懸賞論文であった。ルソーはヴァンセンヌの森において、突如着想の霊感を得て『学問芸術論』を執筆したという。政治的な著作以外にも、ベストセラーとなった小説『ヌーヴェル・エロイーズ』（1761 年）や教育論の『エミール』（1762 年）などがある。『エミール』での記述をきっかけに一時は国外退去を余儀なくされ、イギリスのヒュームに受け入れてもらったこともある。『ポーランド統治論』（1772 年）や『コルシカ憲法草案』（1765 年）など、政治に深くかかわった作品を残し、『孤独な散歩者の夢想』の執筆中に亡くなった。

い、完全な孤立の状態として考えた。もちろん、ルソーは、過去にそのような状態が本当にあったとは思っていない。とはいえ、現状を適切に判断するためには、一切の関係性を否定した根源的な自然状態を想定することが必要であると考えたのである。

　ルソーの自然人とは、いわば未開人である。彼らは孤立して暮らすが、自由かつ平等である。そのような自然人はいかなる情念をもっているのだろうか。ルソーがあげるのはただ二つ、すなわち自己保存に対する関心、すなわち「自愛心（amour de soi-même）」と、同胞の苦痛に対する本能的な嫌悪、すなわち「憐憫の情（pitié）」である。

　自然人にあるのはこの二つの情念だけであり、生まれながらの社交性は存在しない。しかし、自然状態においては、人と人との接触

は偶発的であり、憐憫の情もあるので、戦争状態に陥ることはなかった。

とはいえ、彼らには、動物と違って、さまざまなものを比較して選択する能力と、ものごとを改善していく自己完成能力（perfectibilité）が備わっていた。これらの能力が互いを増幅することで、人間をめぐる状況は次第に変化していく。やがて定住して農業を開始し、冶金の術を覚えた人間は、家族をもち、相互の接触の機会も増えていった。結果として人間は、次第に相互を比較し始める。ついには純粋な「自愛心」とは異なり、相互に優越を求める「利己心（amour propre）」を抱くように至ったのである。

しかしながら、ルソーにすれば、比較は不幸と罪の始まりであった。比較は人を幸せにするどころか、むしろ他者のまなざしへの隷属を生み出すからである。

利己心をもった人間は、それまで共有だった土地に線を引き、私有財産制度を作り出した。結果として競争と対立が日常化し、不平等が社会に定着する。憐憫の情は影を潜め、むしろ戦争状態が恒常化することになった。このような状況を打開するために国家を発明したのは、金持ちたちである。しかしながら、そうして生まれた政治社会は、不平等を是正するどころか、むしろそれを維持するものであった。自由に生まれたはずの人間は鉄鎖につながれ、自分たちで作り出したものに隷従することになる。

このような状態に陥ったとき、人間にどのような選択肢が残されているか。もう一度自然状態に帰り、森に戻って孤独な生活を始めることは不可能であろう。だとしたら、現状の政治社会とは全く違う、人間が人間らしく生きられる政治社会をあらためて構想すべきでないか。ルソーはあるべき秩序を作るための逆転の道を探った。

1 ルソー 153

『社会契約論』　ルソーがこのような課題に取り組んだのが『社会契約論』(1762年)である。ルソーはまず、権力の正当性に問題をしぼった。人はなぜ服従しなければならないのか。

しばしば見られるのが、家父長権による正当化である。これに対しルソーは、親の子に対する支配は子のためのものであり、子が成長すれば親と同じ自由人になるので適切ではないとする。次に実力支配説はどうか。しかしながら、支配という事実は、それを正当化するいかなる権利も生み出さない。さらに、人々が自発的に自らを奴隷にする契約を結んだという正当化については、奴隷契約は人間の本質に反するとして退けた。

結局、服従を正当化しうるのは、自由で平等な諸個人による社会契約だけである。このように結論づけたルソーは、さらに「すべての人々と結び付きながら、しかも自分自身にしか服従せず、以前と同じように自由であることは可能か」という問いを自らに課す。

その答えは、各人が等しく自らとその権利をすべて共同体に譲渡することであった。その条件はすべての構成員に等しい以上、だれも服従の条件を不当に厳しくしようとする人はいない。また、社会契約によって成立する共同体において、集団としての人民が主権者となるが、主権者の命令に従うことは、自分自身の意志に従うことに等しい。自分がその一員として決めた規範に自発的に従っている以上、人々は完全に自由かつ自律的だからである。

この結合により人々は一つの精神的な集合体を作り、その集合体と完全に一体化する。結果として、各人は、それまでの自らの特殊な意志に代わり、集合体の共同の自我（moi commun）の一般意志（volonté générale）に服することになる。

ルソーは、各個人の特殊な意志の総和である全体意志と一般意志

> ***Keyword*** ㉑　社会契約（social contract）
>
> 　西洋における契約論的思考は，ユダヤ・キリスト教における神と人民の間の契約，および中世封建社会における統治者（君主）と被統治者（臣民）の間の支配服従契約という発想に遡ることも可能である。契約である以上，当事者双方に権利と義務が生じ，その違反は契約自体の無効化につながるという発想は共通している。とはいえ，近代社会契約論においては自然状態を想定し，自由で平等な個人が自らの自然権をより確実にするために契約を結ぶ点が強調される。その場合，グロティウスやザミュエル・フォン・プーフェンドルフ（1632-94 年）などの古典的な統治契約論においてはなお，既存の君主の存在が前提となり，その君主が契約の一方の当事者となった。これに対し，ホッブズによってはじめて社会契約による主権的権力の設立が論じられた。さらにロックは政府と人民の信託関係および抵抗・革命権を強調し，ついにルソーに至って市民相互の契約のみが社会契約であるとして，君主を契約の当事者から完全に排除した。

を区別した。彼にとって，全体意志があくまで私益の集計であるのに対し，一般意志は人民全体の共通利益を志向するものであったからである。

　「一般意志は，つねに正しく，つねに公共の利益をめざす」というルソーは，仮に自らの特殊な意志と一般意志が食い違うことがあるとすれば，一般意志への服従を強制されるべきだとさえいう。それは「自由への強制」にほかならないからである。ここから後世，ルソーこそが全体主義の祖であるという説も生まれることになった。

　このような説が正しいかはともかく，社会契約に同意したすべての人間が主権者であると同時に臣民となり，単一不可分の主権の下，一般意志が具現化したものとしての法を人民自身が打ち立てるというルソーのモデルが，人民主権の最も明確な像を提示したことは間

1　ルソー

違いない。

残された問い

とはいえ、『社会契約論』には、多くの問いが残されている。

まずは具体的な機構論である。主権者はあくまで一般意志の担い手である人民だとするルソーは、法を個別的な対象に適用する政府については、主権者と区別して考えるべきだという。具体的には王政・貴族政・民主政・混合政体があるというルソーの議論は、その限りで見れば伝統的な議論とそれほど違わない。

また、政府は必要であるがあくまで特殊意志だとするルソーは、政府が人民の権利を奪う危険性を指摘し、代表制を否定する。「イギリス人は自由だというが、四年に一度の選挙のときだけ自由なだけだ」という有名なセリフを残したルソーであるが、それではどのようにして一般意志が明らかになるかについては、曖昧なままであった。

最も微妙なのは「立法者」である。一般意志はつねに誤らないとする一方で、主権者である人民はしばしば誤ることをルソーは認める。このギャップを埋めるため、ルソーは半ば超人的な「立法者」を導入する。古代ギリシアにはリュクルゴスやソロンなどの立法者がいたが、ルソーはこれを持ち出し、理想の政治共同体のための制度を作るという。

しかしながら、ばらばらな諸個人を一つの全体にまとめ、自然の人間を道徳的存在にまで高めることをその任務とするという「立法者」に、だれがなればいいのか。また、「立法者」はいかなる強制力ももたず、もっぱら説得によって人民を導くというが、それははたして可能か。多くの疑問を残したのが、「立法者」の章であった。

さらにルソーは、「市民宗教（religion civile）」の必要も説いている。人々が良き市民となるためには、一定の精神的基礎が必要であ

る。このように説くルソーは，神の存在，霊魂の不滅，契約の神聖さを信じることが不可欠であるとして，これを国家の市民宗教とすることを提案する。とはいえ，こうした市民宗教を信じない者は反社会的存在であるとして追放するというルソーの議論は，その後多くの議論を呼ぶことにもなった。

2 アメリカ独立と『ザ・フェデラリスト』

アメリカ独立革命　1776年，アメリカ合衆国は独立を宣言した。前年に始まった独立戦争はなお継続中であったが，それまでイギリスの植民地であった13の邦（州）は，ここに独立国への道を歩み始めたのである。

アメリカ独立は，単なる植民地独立にとどまらない意味をもっていた。当時のイギリスは，イングランド・スコットランド・アイルランド・北米植民地から構成される，いわば大西洋をまたいだ連合王国であった。その意味で，北米植民地の独立は，連合王国のあり方自体を動揺させ，その再編にもつながりかねない大事件であった。

しかも，独立したアメリカは，国王も貴族も存在しない共和国であった。それゆえに，アメリカのイギリスからの独立は，同時に王政から共和政への移行を意味したのである。アメリカの独立はしばしば独立革命と呼ばれるが，アメリカ独立革命はまさに大西洋をまたぐ大英帝国の革命であった。

とはいえ，植民地人が最初から独立の意志を明確にもっていたわけではない。独立前，多くの植民地人は自分をイギリス人であると考えていた。イギリス人，もしくはマサチューセッツ人でこそあれ，アメリカ人としての自己意識はまだ希薄であった。

しかしながら英仏七年戦争（1756-63年）の終了を機に，イギリス政府は植民地に対する干渉の度合いを強める。これに対し植民地人は「代表なくして課税なし」と反発し，とくにボストン茶会事件（1773年）以降，緊張が高まり，最終的に武力衝突へと突入したのである。

問題は，このような植民地人による反英闘争を支えた思想的根拠である。トマス・ジェファソン（1743-1826年）が起草した「独立宣言」（1776年）を見ればわかるように，ロックの自然権の影響がそこに強く見られる。とはいえ，アメリカを独立に導いたのはロックの思想だけではなかった。

当時の政治的パンフレット類に色濃く反映されているのはむしろ，本国イギリスの反政府派の言説であった。ここまでもしばしばふれてきたように，ネオ・ハリントニアンの流れを汲むカントリ派（☞第6章 **3**）は，官職や金銭を通じて政府が議会に影響力を行使することを政治的腐敗として激しく批判した。本国政府に強い不満をもっていた北米の植民地人にとって，彼らの言説は訴えるところが大きかったはずである。

しかも，ハリントンやネオ・ハリントニアンが示した，自由な土地保有者である徳ある市民とその共和国というモデルは，本国以上に，アメリカにおいてリアリティをもっていた。いわば，共和主義の思想が新大陸の土地の上に開花したのである。

トマス・ペイン

イギリスから独立するか，あるいは和解するか。逡巡を続ける植民地人を後押ししたのは，実はイギリス人の思想家トマス・ペイン（1737-1809年）であった。彼が独立前夜にアメリカに渡って書いた『コモン・センス』（1776年）は，イギリスからの独立こそが植民地人にとっての利益であるという，まさに新たなコモン・センス（常識）を形成す

るものであった。

　それまで連合王国内で不安定な地位しかもっていなかった北米植民地は，ここに独自の政治社会形成，そして共和国創設への道を歩むことになる。政治的抵抗の言説であったものが，革命の言説へと転化したのである。

　その際，ペインによるイギリス国制批判は大きな意味をもった。それまで大陸諸国に比して自由の国とされてきたイギリスのイメージを変化させ，ヨーロッパ諸国はいずれも腐敗し，専制への危機に瀕しているという理解がアメリカ社会に広まる一因となったのは，ペインの著作の力であった。

　ペインによれば，かつてイギリスの自由を支えたのは，徳ある人民であった。しかしながら，今やそのイギリスでも，王の意志がそのまま法律になっている。求められるのは，王や貴族を排除した，人民によって選ばれる一つの議会が統治する共和国である。このように説くペインの言説は，もはや古代の共和政に言及しないという意味では，伝統的な共和主義とも異質なものであった。

　また，フランス革命を批判したエドマンド・バーク（☞ ***Key person*** ㉓）に反論するために書かれた『人間の権利』（1791-92年）において，ペインは単純な民主政と代議制を区別している。共和国は小国においてのみ可能であるという当時の常識に対し，ペインは，代議制と民主政を組み合わせることによって，大国においても共和国は可能であると論じたのである。

　さらにペインは，「社会は我々の必要から，政府は我々の邪悪から」と語ったように，社会と政府を明確に対比した。政府は最善であっても必要悪でしかなく，政府による統制は少なければ少ないほどよい。邪悪な本国政府から独立することで，植民地人による自己統治が自然と秩序をもたらすというペインの主張は，腰の重かった

植民地人を駆り立てる，強力な煽動力をもったのである。

> ジェファソン

「独立宣言」の起草者であり，第三代の合衆国大統領となったのが，ジェファソンである。ヴァージニアの大農園主であったジェファソンは，英仏の知識人と広く交流し，フランス公使時代にはサロンでも活躍している。

とはいえ，アメリカ政治思想においてジェファソンが記憶されるのは，独立自営農民に基づく共和国の思想によってである。ヴァージニアの土地を愛したジェファソンは，タバコ農園に囲まれた丘をモンティチェロと名づけ，その丘の邸宅にいることを何よりも好んだ。ワシントン政権においても，アレクサンダー・ハミルトンによる中央集権的な政治に反対するなど，分権的で農本主義的な共和国の擁護者として知られた。

ジェファソンの思想を特徴づけるのは，政府に対する不信感と人民の自治能力への信頼である。ロックの自然権思想の信奉者であるジェファソンは，社会にあっても，自然権は個人に保留されたままであると考えた。

政治的には共和派の指導者として，連邦政府への集権化を進める連邦派と対決したジェファソンは，同時に立法権力による独裁にも警戒的であった。ヴァージニアにおいてもしばしば議会多数派と対立したジェファソンは，行政権との均衡など，三権分立を重視する立場をとり続けた。

他方，人民の自治能力といっても，その前提となるのは，あくまで独立自営農民であった。土地に基盤をもつ独立的な市民こそが自由を守るとする点で，ジェファソンはネオ・ハリントニアン的な思想の継承者であり，純粋なデモクラシーの擁護者ではなかった。フランス革命を支持したジェファソンであるが，その急進化に対しては懸念を示している。

Key person ㉒ ハミルトン（1755-1804年）

　イギリス領西インド諸島に生まれたアレクサンダー・ハミルトンは，貧困のうちに育ち，苦学して社会的上昇への道をつかんだ。この点において，アメリカ建国の父とされる人々の間にあって例外的な存在である。政治的著述家として，また弁護士として活躍したハミルトンは，独立戦争に参加して軍人としても能力を示した。やがて総司令官ジョージ・ワシントンの副官となり，以後，ワシントンを後ろ盾に，政治的にも活躍するようになる。フィラデルフィアで開催された憲法会議を主唱し，作成された合衆国憲法を各邦に批准させるべく活動した。とくにニューヨーク州（邦）で反対運動が強かったため，これを説得するためにマディソン，ジェイと執筆したのが『ザ・フェデラリスト』である。ワシントン政権において合衆国初代の財務長官になり，連邦派を代表する政治家として活躍したが，アーロン・バーとの決闘で死亡した。

　ちなみにジェファソンは大統領時代に，ナポレオンからルイジアナの広大な土地を購入し，アメリカの領土に編入している。このことにより，アメリカの領土は２倍になった。フロンティアへの拡大運動を続けるアメリカを，「自由の帝国」としてとらえたジェファソンは，あくまで広大な自由地の存在こそが共和国を可能にすると考えたのである。

『ザ・フェデラリスト』　イギリスからの独立を達成したアメリカであるが，戦争の終了は外敵の消滅を意味した。結果として独立した諸邦の一体性は弱く，連合規約は文字通り，独立国家間の条約にすぎなかった。中央政府である連合会議の財政基盤も乏しく，その決議は各邦に対する勧告にとどまった。このままでは対外的・対内的な危機に対応できない。このような危機感から，連合規約の改正による，新たな合衆国憲法制定への動きが生まれたのである。

しかしながら，独立したばかりの諸邦は，中央政府の強化に警戒的であった。イギリス政府に代わり，新たな中央政府が支配者になるのでは，何のために独立したのかわからない。新憲法の批准に躊躇(ちゅうちょ)する諸邦を説得するために，執筆されたのが『ザ・フェデラリスト』（1788年）である。

　『ザ・フェデラリスト』は，パブリウスという共通の筆名の下，ハミルトン，ジェームズ・マディソン（1751-1836年），ジョン・ジェイ（1745-1829年）の三人がニューヨークの新聞に執筆した論文集であるが，必ずしも一枚岩というわけではなかった。

　ハミルトンがめざしたのは，合衆国を政治的にも経済的にも一つの国家にすることであった。中央銀行の設立など，強力に中央集権化を推し進めようとするハミルトンは，商業による経済発展を追求し，徳よりも利益を重視した。ジェファソンら共和派は，このようなハミルトンの政策は政治的腐敗をもたらすとして批判したが，それはまさに，コート派対カントリ派の対決の再現であった。

　マディソンは合衆国憲法の主要な執筆者の一人であり，ハミルトンとともに憲法の批准に奔走したが，その後はむしろジェファソンに接近し，連邦政府の権限の抑制に努めた。徳より利益を重視するという点ではハミルトンと共通していたが，彼がめざしたのは利益の均衡に基づくリベラルな連邦主義であった。

　『ザ・フェデラリスト』がめざしたのは，モンテスキューの権力分立論を，モンテスキューが退けた共和政の中に取り込むことであった。モンテスキューになお残っていた，諸身分間の調和という混合王政的側面を払拭し，純粋に機構上の工夫として三権分立を制度化しようとしたのである。

　『ザ・フェデラリスト』の工夫はまず，その権力を制限するために，立法府を二つに分割して，相互に影響力を相殺させることであ

Keyword ㉒　多元主義（pluralism）

　ボダンの主権論（☞ ***Key person*** ⑬）は，封建的割拠状態を克服し，政治的な統一を実現した近代国家に対応するものであったが，これに対し挑戦がなかったわけではない。ヨハネス・アルトジウス（1557-1638年）は政治社会を多様な中間団体の結合体（symbiosis）とみなし，意思決定や自治をより小さな単位に委ね，それをより大きな単位が補うとする補完性の原理を提示した。このようなアルトジウスの思想は，19世紀ドイツのオットー・ギールケ（1841-1921 年）を介して，現在の欧州統合にまで影響を及ぼしている。権力を制限できるのは他の別の権力のみであるとするモンテスキューの権力分立論や，『ザ・フェデラリスト』における党派容認論もまた，政治的多元主義の源流である。20 世紀初頭のイギリスでは，アーネスト・バーカー（1874-1960 年）やハロルド・ラスキ（1893-1950 年）といった政治学者が多元的国家論を展開し，国家権力に対し，教会，大学，組合などの集団の役割を強調した。

った。その際に上院は，ローマの元老院にちなんで Senate と名づけられた。また行政権には拒否権（veto）を与えて独立性を強化し，独任制の大統領の任期を長く設定した（このため，当時は選挙王政という批判もあった）。司法権に違憲立法審査権を与えたことも，立法府の権力を抑制するためである。

　党派容認論も『ザ・フェデラリスト』の特色である（第 10 編）。モンテスキューが共和政を支えるのが自己犠牲の徳であるとしたのに対し，マディソンは共和国に党派はつきものであり，これを抑圧するよりはむしろ許容すべきであると主張した。

　とくに国土の広いアメリカでは利益も意見も多様であり，単一で恒常的な多数派の支配は成り立ちにくい。代表制と連邦制を組み合わせることで，党派の害悪は回避可能であるとするマディソンの議論は，後の政治的多元主義にもつながっていった。

3 フランス革命とバーク

フランス革命の衝撃　新大陸に共和国が創設されてから間もなく、ヨーロッパ大陸の王政を代表する存在であったフランスも激動の時代を迎えた。財政破綻に瀕した王権は増税の必要から約170年ぶりに三部会を開催するが、これを機にフランスは革命への道を歩み出したのである。

　文明社会への発展の先頭を切っていたはずのフランスにおいて、革命が起きた衝撃は大きかった。それまでフランスの一体性を象徴してきた王が処刑され、伝統的な王権の正統性は否定された。歴史の継続性はここに大きな断絶を経験することになったのである。

　革命政権に求められたのは、秩序の安定化だけではない。新たな権力の正当化の基礎をどこに見出し、いかにして歴史を再開するか。これらの課題が政権に重くのしかかったのである。その意味で、革命後にキリスト教に代わる「理性の祭典」が行われ、新たな暦が採用されたのは決して偶然ではない。

　新たな共和国を作るにあたって、参照されたのはやはり古代ローマであった。アメリカにおいても、共和政ローマをモデルに独任制の大統領、元老院にちなんだ上院、そして民会に相当する下院が設置されたが、フランス革命の場合は国制論というよりは、共和国を支える徳や祖国愛が強調された。

　革命が急進化する中で生まれた共和国は、伝統的な王権の正統性を否定したことで、フランス国家の存在の無根拠性に向き合うことになる。従来の王国を構成した身分や団体の秩序を解体し、諸個人による社会契約を強調することになったのも、そのためである。

1791年には，自由な結社活動を禁止するル・シャプリエ法も制定された。

あらゆる中間団体が否定され，すべての社会的紐帯から切り離された諸個人から成る共和国。このような共和国を支えるべく，徳や祖国愛といった精神的要素を強調したジャコバン派の指導者たちが，ルソーの理論に近づいていったのは必然的でもあった。

しばしばルソーの思想がフランス革命の原因になったと言われる。が，むしろ革命が起きてから，脆弱な正統性に苦しんだその指導者たちが，事後的にルソーを再発見したという方が事実に近い。

そしてこのことが，フランス革命に対する保守主義の主題を形づくることにもなる。はたして，社会的つながりから切り離された抽象的な諸個人は，社会を作り出せるのか。文明社会の発展を否定して，革命によって時間的断絶を生み出すことは可能なのか。このような課題に答え，保守主義の礎を定めたのがエドマンド・バークであった。

『現代の不満の原因』　18世紀中葉のイギリスでは，長らく続いたホイッグ派の支配下で政治的安定と経済的発展が実現した。ライバルであったブルボン朝のフランスに対する優位が次第に確立したのも，この時期である。

やがて名誉革命こそが唯一の重要な革命であり，この革命によって自由な国制が確立したとするホイッグ史観が形成される。バークもまた，その伝統に大きく寄与した一人であるが，ホイッグ政治家として政界入りした彼の眼前にあったのは，ジョージ3世による議会介入の動きであった。

ドイツから来てイギリスの王位を継承したハノーヴァー朝の王たちは，英語を話せないこともあって，イギリス政治に無関心であった。これに対しイギリス生まれのジョージ3世は親政を決意し，議

Key person ㉓　バーク (1729-97 年)

　アイルランドのダブリンに生まれたエドマンド・バークは，文学や美学の道に進み，『崇高と美の観念の起源』(1757 年) によって文壇に出ることになる。やがてホイッグの領袖ロッキンガム侯の秘書になったのを機に政治家となり，1765 年にイギリス下院に議席を得て，ロッキンガム派のホイッグとして活躍した。アメリカ独立問題に際しては，それまで実質的に代表されていなかったとして，その独立に対して好意的な立場をとっている。また，『現代の不満の原因』を執筆してジョージ 3 世を批判し，議会の独立を強調した。アイルランド出身ということもあり，大英帝国の動揺と再編に心を砕いた政治家人生であったが，選挙民に対し，「自分はイギリスの議員であって，選挙区の議員ではない」と発言した「ブリストル演説」でも知られている。フランス革命の報に接したときすでに高齢であったバークは，直ちに『フランス革命の省察』を執筆して理論的に反論し，保守主義思想の祖とみなされることになった。

会に対する影響力の拡大をめざした。政治家を買収して「王の友 (King's Friends)」と呼ばれる宮廷党を形成したのもそのためである。

　『現代の不満の原因』(1770 年) は，このようなジョージ 3 世の試みが，イギリス政治の伝統である抑制均衡を崩すとして批判した著作である。かつての王は実力で議会を弾圧しようとしたが，今や別の手段によって議会を支配しようとしている。このように弾劾するバークは，イギリス国制のあり方を再確認する。

　バークによれば，イギリス国制は三つの構成要素から成る。第一は君主政であり，国の継続性を担保する。とはいえ，君主政は専制 (despotism) であってはならず，あくまで慣習に従うものでなければならない。

　第二は貴族政である。ただし，バークの念頭にあるのは貴族院ではない。彼が期待したのはむしろ庶民院であり，この点において，

バークの考え方は伝統的な混合王政とは異質であった。バークは貴族院と庶民院の抑制均衡に代えて、むしろ政党制を重視することになる。

バークが強調したのは家柄による貴族ではなく、天性の貴族(natural aristocracy)である。識見・能力に優れたものが、文字通りの「アリストクラシー(優れたものの支配)」として民衆を支配する。土地所有者のみならず、バークは新興の商工階級にも着目した。

第三は民主政であり、バークは庶民院は選挙で選ばれなければならないと主張した。とはいえ、彼が支持したのはあくまで民衆のための政治であって、民衆による政治ではなかった。

議会・政党論 このようなバークの考え方は、有名な「ブリストル演説」(1774年)にもうかがえる。バークによれば、選挙区ごとに選ばれるとしても、議員はあくまで国民全体の代表であって、選挙区の代表ではない。ひとたび選ばれたならば、議員は選挙区の利害を離れ、広く国民的な視野に立って行動しなければならないのである。

また、議員はあくまで自らの思想信条に従うべきであり、選挙民によって議会が拘束されることがあってはならない。議員は委任や代理を受けた存在ではなく、それゆえに頻繁な選挙も望ましくない。人口が極端に少なくなったいわゆる腐敗選挙区の是正にも、バークは消極的であった。

イギリス国制の本質は、人民の利益を実現するためのエリートによる統治にあり、その鍵は議会にある。議会は王と民衆の結び目にある存在であり、そうである以上、王からも民衆からも独立していなければならない。議会が民衆の感情を適切に反映するためにも、王の影響力による腐敗はあってはならない。バークはあくまで議会の独立を強調した。

3 フランス革命とバーク

バークは政党論についても，大きな足跡を残している。伝統的に，政治における党派や派閥は否定的にとらえられてきた。党派（party）とは文字通り部分利益であり，公共の利益よりも自分たちの個別利益の実現をはかる存在とみなされてきたのである。

これに対し，党派についてのとらえ方を大きく転換させたのが，ヒュームである（☞ **Key person** ⑳）。ヒュームは，自由な国家には党派はつきものであり，否定すればむしろ自由も失われるとした。これを受けて，国家が十分に大きければ，むしろ利害や意見を多様化させることで，党派の弊害は避けられると主張したのが『ザ・フェデラリスト』である（☞第7章**2**）。

バークもまた，このような議論の系譜に属する。バークにとって政党は，イギリス国制において政治的バランスを保持するものであった。彼の定義によれば，政党とは共通の原則や原理によって結ばれた，国家の利益を実現するための人間集団であった。ここに部分的利益としての党派は，近代的な意味での政党に大きくその性質を変えたのである。

以上からも，バークの議会論や政党論が，伝統的なイギリス国制の構造改革をめざすものであって，人民主権論とは性質を異にすることがわかる。このように，イギリス国制のために闘ってきた政治家バークがその晩年に遭遇したのがフランス革命であった。

『フランス革命の省察』　フランス革命の報に接し，イギリスの世論ははじめ好意的であった。中にはフランスにならって，イギリスも改革を行うべきだという声もあったほどである。これに対しバークは革命直後の1790年，早くも『フランス革命の省察』を発表する。あたかも疫病のように広がるフランス革命熱に対し，あくまでイギリス国制を擁護しようとしたのである。

人間は決して白紙（タブラ・ラサ）で生まれない。社会的動物と

> ***Keyword*** ㉓　保守主義（Conservatism）
>
> 　保守主義の祖とされるバークがフランス革命への衝撃から『フランス革命の省察』を執筆したように，急進的な革命や改革に反対し，あえて過去からの伝統の連続性を重視する思想・運動が保守主義である。とはいえ，革命によって特権を失った貴族を中心に形成された反動勢力が，革命以前の旧体制への復帰をめざしたのに対し，保守主義は歴史の変化とそれに伴う漸進的な改革の必要性を認める点で性質を異にする。また歴史的な変化を意識した上で，過去からの価値，習慣，制度や考え方を自覚的に選び，あえて保守しようとする点で，単に慣れ親しんだものを好んで変化を嫌う伝統主義とも区別される。
>
> 　しかしながら，その後の歴史においては，「保守的革命」という用語法も登場するなど，語義には揺れも見られる（本来，「保守」と「革命」は両立しないはずである）。無謀な革命を抑制する必要性を知的に正当化することこそが，保守主義の本来の姿であろう。

しての人間は，習慣を身につけることではじめて人間となる。バークはここで先入見（prejudice）という言葉を使っている。文字通りには，あらかじめ判断していることを指すこの言葉は，ある社会において歴史的に定着したものの見方や考え方を意味する。このような先入見なしには，人間は何一つ判断することはできないし，正しく行動することもできない。

　社会も歴史の中で形成されるのであり，各国の国制は慣習（prescription）を通じて確立する。国家は社会契約によって打ち立てられるものではなく，時間の経過とともに自然に成長してきた産物なのである。人間の自由もまたその枠内においてのみ存在すべきであり，先入見や慣習抜きの自然状態などは，単に無秩序であり，野蛮であるとバークは切り捨てる。

　人々が享受する権利についても，具体的な内容をもち，各国の歴

3　フランス革命とバーク

史的な伝統によって一つ一つ確認されたものが真の権利である。それゆえにイギリス人の権利はあっても，抽象的な人間の権利などありえない。それなのにフランス革命は，抽象的な個人の権利を振りかざして，歴史的に構築されてきた国制の複雑な構造を破壊してしまったとバークは批判する。

　イギリス人の権利が名誉革命によって回復されたのに対して，フランス革命は政治的英知なき，成り上がりものの革命にほかならない。このように断じるバークの目に映ったフランス革命の指導者は，民衆を巧みに導くどころかむしろ彼らに迎合し，治者と被治者の一致を免罪符に破壊行為を推し進めた人々であった。

　もちろん，あらゆる変化が否定されるわけではない。バークはむしろ，天性の貴族による不断の改良を強調し続けた。一国の国制をよく保つのは，絶えざる漸進的改良である。バークの目に映ったフランス革命は，哲学者による革命であり，あまりに思弁的かつ形而上学的な革命であった。

　このように，バークの保守主義は，単なる伝統主義や，過去の社会への復帰を求める反動ではない。それはむしろ，フランス革命という，歴史に明確な断絶をもたらす事件に対し，あらためて歴史の連続性を強調し，一つの社会を支えているものを自覚的にとらえ直す試みであった。

　個人の合意に基づく社会の形成が単なる理論にとどまらず，実際に一つの国を変えるようになった時代にあって，バークの保守主義はきわめて近代的な性格をもっていた。

第8章 19世紀の政治思想

❶左から,ヘーゲル,トクヴィル,マルクス(左:時事,中央:Bridgeman Art Library/PANA,右:ROGER_VIOLLET)。

　フランス革命の衝撃がいまだ過去のものとなっていない19世紀初頭,政治思想は新たな展開を見せた。保守主義,自由主義,社会主義といったイデオロギーが形成されたのもこの時期である。フランス革命に対する評価の差異が,これらの立場の違いを生み出していく。フランス革命はあってはならない逸脱だったのか,それともさらに追い求めていくべき人類の理想なのか。価値とすべきは過去からの伝統か,個人の自由か,それとも徹底した不平等の克服か。これらの違いは単なる政治的意見の対立にとどまらず,直ちに党派的な対立へとつながる根本的な世界観の対立であった。このような世界観の対立によって,社会が分裂していく時代をイデオロギーの時代と呼ぶ。イデオロギー同士が激しく衝突した19世紀社会から,現代に生きる私たちは何を学ぶことができるのか。現代社会は,はたしてイデオロギー対立を克服できたのか。

1 ヘーゲル

フランス革命批判　フランス革命の衝撃は直ちにヨーロッパ各国に広がったが、その受け止め方はさまざまであった。革命直後に早くもその危うさを警告したバークの場合、前提となったのは、自由な国制としてのイギリスの伝統への揺るぎない信頼であった（☞第7章**3**）。

これに対し、ドイツの小邦ヴュルテンベルク公国に生まれた G. W. F. ヘーゲルにとって、フランス革命に対する評価ははるかに両義的であった。ヘーゲルが後に『ドイツ憲法論』（1799-1802年）において「ドイツはもはや国家ではない」と書いたように、当時のドイツは小邦に分裂し、各ラント（邦）は旧態依然なままであった。

このような状況にあって、たしかにフランス革命は画期的な事件であった。革命の報に接したヘーゲルは、友人であるフリードリヒ・シェリング（1775-1854年）らとともに「自由の木」を植え、革命歌を歌ったという。ナショナリズムによるドイツ統一を夢見るヘーゲルにとって、フランス革命は「世界史的事件」であった。

「はじめに」でもふれたように、ヘーゲルは人類の歴史を自由の実現の過程としてとらえた。そのようなヘーゲルにとって、フランス革命は、人間の自由が旧体制と真正面から衝突し、その最終的実現に向けて大きな一歩を踏み出した、まさに近代史における最大の事件であった。

しかしながら、フランス革命が起こるべくして起こった歴史の必然であるとしても、ヘーゲルが全く無批判であったわけではない。ヘーゲルはむしろ、フランス革命が悲惨な恐怖政治に終わった理由

Key person ㉔ ヘーゲル（1770-1831 年）

　ドイツの小邦ヴュルテンベルク公国に生まれ，やがて神学校に進んだG. W. F. ヘーゲルが学生時代に遭遇したのがフランス革命である。その報に接し，ヘーゲルは友人たちと熱狂したという。後にジャコバン独裁やその恐怖政治を知り，革命に対して否定的な評価をするようになるが，ヘーゲルはあくまで世界史的事件としてのフランス革命の意義を評価し続けた。イェーナに入城するナポレオンを見たヘーゲルは，「世界精神が馬に乗って通る」と表現している。

　哲学研究へと進んだヘーゲルは，イェーナ，ハイデルベルク，ベルリン大学で教鞭をとり，『精神現象学』『大論理学』（1812-16 年），『エンチクロペディー』（1817，27，37 年），『法の哲学』を生前に公刊した。死後に教え子によって『哲学史講義』（1833-36 年）や『歴史哲学講義』（1837 年）なども出版されている。ドイツ観念論を代表する哲学者であり，その影響はヘーゲル左派として出発したカール・マルクスにまで及んでいる。

を問題にした。

　恐怖政治は革命の過程で起きた単なる偶然ではない。問題は，個人と政治的共同体の関係にあるとヘーゲルは考えた。ルソー（☞ *Key person* ㉑）の一般意志の議論にも示されているように，フランス革命は個人の意志と共同体の意志を，あまりに直接的に結び付けるものであった。ジャコバン派による恐怖政治も，自らこそが人民の意志を代表するのであり，敵対する者はすべて人民の敵であるという論理に基づいていた。

　しかしながら，個人と共同体との関係ははるかに複雑なものではないか。ヘーゲルは，個人がいかにして国家へと媒介されていくのかを問題にしていった。

1 ヘーゲル

外面的国家批判

ヘーゲルは、国家を単に個人の利益を実現するための手段とみなす立場を批判し、そのようなとらえ方を外面的国家と呼んだ。政治社会の設立を個人の所有権保護に見出す社会契約論も、結局のところ、国家と個人を分離したものとして対立的にとらえている。これでは、いつまで経っても国家と個人の深い内面的なつながりは生まれないとヘーゲルは考えた。

そもそも個人は、アトム（原子）のようにばらばらに存在するものではない。個と全体を包括的にとらえる概念として、ヘーゲルは人倫（Sittlichkeit）という概念を示した。個人は具体的な社会制度や組織の中に位置づけられてはじめて人間となるのであり、そのような具体的な社会的諸関係をヘーゲルは人倫と呼んだのである。

ヘーゲルが出発点としたのは、カント（☞第6章**2**）の道徳哲学である。人間以外の自然界のあらゆる存在は、自然の法則や本能に受動的に服従している。これに対し、人間だけが自分自身で打ち立てた法に自発的に従うことができる。ルソーの影響を受けたカントは、自律としての自由こそが人間にふさわしい自由であると考えた。

もちろん、人間には欲望がある。とはいえ、ただ欲望に突き動かされるばかりでは、結局は欲望の奴隷であり、自由ではない。単に欲望に流されるのではなく、むしろ理性の命令に主体的に服従することが自由である。それゆえに、理性の支配と人間の自由は決して矛盾するものではなく、むしろ両立するとカントは考えた。

その際、カントは道徳性（Moralität）と適法性（Legalität）を分けて考える。道徳性の場合、人間が心の底から理性の命令に従っているという意味で、内面的な意志の純粋さが重要であるのに対し、適法性の場合には、動機はともかく、とりあえず義務に従っているという外面的な行為の正しさだけが問題になる。

カントにとって，政治がかかわるのはもっぱら適法性であった。道徳性を外面から強制することはできないが，道徳性の前提となる適法性を強制することはできる。政治にとって，各人の内面的な道徳性はともかく，人々の間に秩序ある共同生活がなされていることがまず必要なのである。

結果として，カントの場合，理念と現実はしばしば二項対立的にとらえられた。個人の内面的な道徳性がいかにして客観的な法と結び付き，自由の理念を現実化していくのか。長期的には，人類は理想的な秩序を実現していくと考えていたカントであるが，その具体的な過程については詳しく論じていない。

これに対しヘーゲルは，理念と現実を二項対立的に考えるのではなく，むしろ理念が現実化していく過程として歴史をとらえようとした。すなわち，表面的には矛盾して見えるものごとは，対立を通じてより高いレベルでの普遍性を実現していく。このような考え方をヘーゲルは弁証法と呼んだ。歴史は弁証法的に発展していくのである。

市民社会

自由の理念が具体的な社会制度や組織において具体化されたものを人倫と呼んだヘーゲルは，『法の哲学』（1821 年）において，家族，市民社会，国家の三段階において人倫を考えた。いかに個人は他者とかかわっていくのか。このことを，弁証法的に整理しようとしたのが，この三段階論である。

第一段階である家族は，愛によって結ばれた共同体である。自然的で直接的なつながりの中，個人はいまだ主体と客体の分裂を経験していない。しかしながら，個人はやがて独り立ちし，家族の外へと出発することになる。

第二段階は，独立した人格となった個人が，自己利益を追求して，

Keyword ㉔　市民社会（civil society/bürgerliche Gesellschaft）

　言葉としての起源は，ラテン語における「ソキエタス・キウィリス」にまで遡る。この言葉は，古代ギリシア語の「ポリティケー・コイノーニア（政治的共同体）」をラテン語に置き換えたものであり，ポリスやキウィタスとほぼ同義で用いられた。中世においては，教会による宗教的な秩序に対して，封建領主による世俗の秩序を示すためにも用いられている。ホッブズやロックなどの場合，自然状態と対比して，政府のある社会状態を指すためにこの言葉が使われ，国家とほぼ同義の「政治社会」を意味した。

　このような用法は18世紀以降，大きく変容する。スコットランド啓蒙の思想家は国家とは区別して文明社会を論じたが，これを受けてヘーゲルは主として経済活動の領域としての市民社会を，国家とは明確に異なる領域として論じた。さらに20世紀後半には，国家とも，市場の領域とも異なる，多様な結社の活躍する領域としての「新しい市民社会論」が登場している。

経済活動を実践する市民社会（bürgerliche Gesellschaft）である。各人は自らの欲望に基づいて労働を行い，そのような諸個人の労働が複雑な相互依存関係を形成する。ヘーゲルは市民社会を，「欲望の体系」と呼んだ。

　ヘーゲルは，スコットランド啓蒙の政治経済学（☞第6章**3**）を学ぶことで，このような近代社会のビジョンを得ている。ヘーゲルは，個人と国家の内面的な関係を重視する点で，たしかにルソーの思想を継承している。とはいえ，ルソーが文明社会に背を向け，個人の欲望と公共心を対立するものとしてとらえているのに対し，ヘーゲルはむしろ「欲望の体系」である市民社会から出発して，国家へと媒介することを考えたのである。

　労働を重視したのもヘーゲルの特徴であった。ヘーゲルは『精神

現象学』(1807年) において，人間にとっての労働の意味を論じている。ヘーゲルによれば，人間は労働によって外界にある対象に働き掛け，その対象を加工することで物を生産する。このことは，労働を通じて自らの欲望を対象化することを意味するが，その産物である物を所有することで，人間は自己を確認するのである。

欲望をもった個人は，労働を通じて経済的分業のネットワークに入り，経済法則に従う。しかしながらヘーゲルは，このような市民社会が重大な問題をはらんでいるとも考えていた。というのも，市民社会は，貧困をはじめとする社会問題をもたらし，個人の生存を脅かすようになるからである。

市民社会は，司法によって個人の所有権や安全を保障しようとする。とはいえ，国家を手段としてとらえる外面的国家を批判したヘーゲルは，司法だけでは市民社会の矛盾を真に克服することはできないと考えた。

行政，職業団体，国家 そこでヘーゲルが注目するのは，行政 (Polizei) と職業団体 (Korporation) である。行政は経済政策や規制により資本主義が生み出す社会問題を解決し，職業団体は個人を「第二の家族」としての団体へとまとめあげる。困窮するばらばらな諸個人に配慮し，個人を国家へと媒介するのが両者の役割であった。

このような段階をふんで，ヘーゲルはいよいよ普遍性を実現すべき国家を論じる。その際に，カントが理想の国家として共和政を掲げたのに対し，ヘーゲルが注目するのは立憲君主政である。その背景には，市民社会の特殊利益の代表としての議会が，そのままでは普遍性を実現できないとするヘーゲルの判断があった。

ヘーゲルは職業団体を基盤に選ばれる代議士による下院を，土地所有貴族による上院と組み合わせて立法権とし，これをさらに君主

権や執行権によってコントロールしようとした。ヘーゲルが普遍性の担い手と考えたのはあくまで，国家の統一性を体現し，最終的な意思決定の主体となる君主権と，市民社会の諸利害から中立的な官僚による執行権であった。

このようにヘーゲルは，立法権，執行権，君主権を相互に抑制均衡するものとしてはとらえておらず，あくまで三権を有機的に連帯して協力するものとしている。また議会に期待されたのは，市民社会の利害を国家に伝えることよりはむしろ，国家の普遍的利益を市民社会へと教化することにあった。

ヘーゲルにとって，家族，市民社会，国家へと発展する人倫の体系は，個人が普遍的なものに気づき，全体の中での自分の位置を自覚していく過程であった。君主や官僚こそを普遍的身分としたヘーゲルは，その意味で，政治的自由の思想家とは言い難い。

とはいえ，ヘーゲルが理想としたのは立憲君主政であって，これを専制的な君主政とは区別している。議会の公開を重視し，フランス七月革命やイギリスの選挙法改正にも多大な関心を抱いたヘーゲルは，あくまでドイツの政治的近代化をめざした思想家であった。

ちなみにヘーゲルは，国家を対外的側面からもとらえている。そのような側面から見たとき，国家とは軍事・外交を通じて他の諸国家に対抗する存在であり，国家は他の国家との関係においてはじめて国家となる。

それぞれ世界的な使命を担った民族が興亡を繰り広げることで世界史は進み，結果として自由に向けて世界精神が自己展開していく。ヘーゲルはこのように世界史を展望したのである。

2 トクヴィルとミル

> **フランス革命と
> 自由主義の誕生**

フランス革命は最終的にジャコバン独裁へと行き着き、テルミドールのクーデタによって終止符を打たれた。しかしながら、その後も政治的不安定は続き、ナポレオンによる帝政とブルボン朝の王政復古、さらに七月革命と二月革命が続いた。

この過程で、さらなる平等化を実現するために革命の継続を訴える急進派と、革命を否定し、伝統や身分制的秩序を擁護する保守・反動勢力の対立が明らかになっていった。ところが両者の間にはやがて、第三の勢力が現れてくる。

この立場は、所有権の確立をはじめとする革命の基本的意義は認めるが、恐怖政治を生んだ革命の過程を批判した上で、さらなる革命も否定する。いわば、「革命を終わらせる」ことをめざすこの勢力が、自由主義と呼ばれることになった。

自由主義勢力にとって課題となったのは、ルソーの思想とフランス革命の衝撃をいかに受け止めるかであった。個人の自由と権利の実現をめざし、そのために人民主権をめざしたフランス革命は、なぜ恐怖政治に陥ってしまったのか。このような問いを探究する中で、自由主義者たちが注目したのがルソーであった。

この時期を代表する自由主義者に、バンジャマン・コンスタン（1767-1830年）がいる。コンスタンは「古代人の自由と近代人の自由」（1819年）という講演の中で、「ルソーは自由の心情はもっていても、自由の論理はもっていない」と批判することになる。

ルソーのどこが問題なのだろうか。コンスタンによれば、ルソー

は「古代人の自由」と「近代人の自由」の違いを理解しておらず，結果として，近代社会において古代的な自由を追い求めるという時代錯誤を犯してしまった。

たしかに，古代ギリシアのポリスの市民にとって，民会に出席し，公的な意思決定に加わることが自由であったかもしれない。だが，商業が発展し，生産活動に忙しい近代社会の個人にとって，私的生活の平穏な享受の方がより重要である。

そもそも問題の立て方が適切ではなかった。というのも，個人の自由にとって重要なのは主権の所在ではなく，主権の及ぶ範囲だからである。仮に人民が主権者になったとしても，その人民の主権があまりに強大であれば意味がない。だれが主権者であれ，主権の及ぶ範囲を限定し，個人の自由の領域を確保しなければならなかったのである。

ある意味で，コンスタンはルソーによる個人と政治的共同体の和解という理念を否定したことになる。このように，デモクラシーとの緊張関係において個人の自由をとらえる視点こそが，この時期の自由主義を生み出すことになった。

> トクヴィル

コンスタンの問題意識を継承したのが，アレクシ・ド・トクヴィルである。

トクヴィルは「多数者の暴政（tyrannie de la majorité）」や「民主的専制（despotisme démocratique）」といった言葉を用いたが，これは伝統的な tyrannie や despotisme の概念を，君主ではなく，多数者やデモクラシーと結び付けたものである。民主的社会においてもなお，個人の自由が抑圧されることがある。自由にとっての新たな危険性をトクヴィルは指摘したのである。

フランス貴族の家に生まれたトクヴィルは，ジャクソン大統領時代のアメリカを訪問し，帰国後に『アメリカのデモクラシー』（第1

Key person ㉕ トクヴィル（1805-59年）

　フランスの名門貴族の家系に生まれたアレクシ・ド・トクヴィルは裁判官の道に進むが，家族が忠誠を誓うブルボン朝と，1830年の七月革命によって生まれた新王朝との間で板挟みになる。苦境を脱するために青年トクヴィルが選んだのが，刑務所視察を口実としたアメリカ訪問であった。親友と二人で9カ月間にわたりアメリカ各地をめぐったトクヴィルは，そこで民主的社会の到来こそが，人類の必然的な運命であるという洞察を得る。帰国後，『アメリカのデモクラシー』の執筆によりたちまち文名をあげたトクヴィルは，やがて下院議員に選ばれて政治家の道に進んだ。1848年の二月革命の際は新憲法草案作成に加わり，バロ内閣では外務大臣も務めている。ナポレオン3世のクーデタにより政界を引退したトクヴィルは，フランス革命の原因を歴史に探ったもう一つの主著『旧体制と大革命』（1856年）の執筆に集中した。二月革命についての回想録も残している。

巻，1835年；第2巻，1840年）を執筆した。「アメリカでアメリカ以上のものを発見した」というトクヴィルが見つけたのは，デモクラシーであった。

　ここでトクヴィルは，古代ギリシア以来の政体の一分類である「デモクラシー（民主政）」という言葉を用いている。それまで，デモクラシーとは多数者が支配する政体であり，しばしば衆愚政治と同一視され，否定的な意味で用いられることがほとんどであった。

　これに対してトクヴィルは，デモクラシーこそが神の摂理であり，人類の未来であるという。この場合，トクヴィルがいうデモクラシーとは，単なる政体分類の一つではなく，平等な諸個人から成る社会状態のことを指す。身分制秩序が支配するアリストクラシー（貴族政）の社会は，必然的にデモクラシーの社会へと移行していくとトクヴィルは論じた。

このように,トクヴィルがいうデモクラシーとは政体分類にとどまらず,社会状態であり,時代区分でもある。このような意味でのデモクラシーを,トクヴィルは自らの政治学の中核に据えた。共和政よりはむしろ,平等を強く含意するデモクラシーという言葉を選んだのである。

トクヴィルがデモクラシーを肯定的な意味において用いたことは,古代ローマにほとんど言及せず,むしろアメリカこそを政治を考える上での重要な参照点としたことと合わせ,西洋政治思想史における重要な画期となった。

デモクラシー社会の危険性

とはいえ,トクヴィルはアメリカのデモクラシーが理想的であるといったわけではない。むしろ,デモクラシー社会には固有の危険性があり,これをいかに免れるかが,トクヴィルの課題であった。

ただし,平等な諸個人から成る社会がしばしば無秩序に陥ることに警告を発した保守主義とは違い,トクヴィルは権力の集中こそがデモクラシー社会に固有な危険であると考えた。「多数者の暴政」や「民主的専制」とはまさしく,彼の懸念を示す言葉であった。

デモクラシー社会において,伝統的な権威は否定されるが,それに代わって社会の多数者の意見が力をもつ。また富と財産の追求こそが人々の関心事となり,物質的快楽へと,社会の価値が均質化する。結果的に,一元化した世論はかつてない権威をもつようになる。

しかも,個人は伝統的な社会におけるつながりを失い,自らの内に閉じ籠る。このことをトクヴィルは利己主義と区別して個人主義と呼んだが,そのような個人は,他者と協力するよりはむしろ,絶対化した権力の「柔和な専制」に唯々諾々と服従する。

しかしながら,もはや伝統的な身分制社会に戻ることは不可能で

ある。そうだとすれば、デモクラシーを専制に陥らせず、むしろ自由と両立させる道は残されていないのか。トクヴィルはその鍵をアメリカに見出した。

第一は自治である。アメリカにはニューイングランドと呼ばれる地域を中心に、タウンシップと呼ばれる自治の伝統があった。地域の問題に住民自身が取り組む自治を通じて、人々は身近なことから公共の利益を知るようになる。アメリカのデモクラシーを支えているのは、一般の人々の日常的な実践であるとトクヴィルはとらえた。

第二は自発的結社（voluntary association）である。デモクラシーの社会において、伝統的なつながりは失われ、それを補うものがなければ個人は孤独に陥るばかりである。トクヴィルが着目したのが、自発的結社の技術であった。アメリカにおいて、人々はあらゆる目的に応じて結社を作る。個人主義を克服する鍵を、トクヴィルは結社に見出したのである。

第三は宗教である。トクヴィルの見るところ、伝統的な社会から切り離された個人は、どうしてもその視点が現在に集中しがちである。直ちに超越的な宗教に結び付かないとしても、人間にいかに長期的な視点をもたせるか。宗教は決して自由と矛盾せず、むしろ平等社会において人と人とをつなぐ資源となりうることに、トクヴィルは注目した。

J. S. ミル 　トクヴィルと同時代のイギリスを生きたのが、ジョン・スチュアート・ミル（1806-73年）である。トクヴィルとも交流をもったミルは、『自由論』（1859年）において、個人にとっての自由の意味、さらに国家や社会が個人に対して行使する権力の道徳的に正当な限界を考察した。

若き日のミルは、父ジェームズ・ミル（1773-1836年）に導かれ、功利主義（Utilitarianism）の若き秀才として出発した。功利主義と

は，ジェレミー・ベンサム（1748-1832年）によって提唱された倫理学説であり，社会の最大多数の最大幸福を目的とし，あらゆる政策や個人の行為は，この目的に対する貢献によってはかられると主張するものであった。

しかしながら，ミルはやがてこのような考えに疑問をもつようになる。とくに20歳のときに精神的危機を経験したミルは，ウィリアム・ワーズワース（1770-1850年）らのロマン主義文学に近づき，さらにヴィルヘルム・フォン・フンボルト（1767-1835年）などのドイツ思想に親しんだ。

その結果，道徳的に重要なことをすべて快楽と苦痛という尺度に還元することに反発するようになったミルは，人間の快楽には質的な区別があり，むしろ個人の多様性や個性こそが価値であると考えるようになった。

このように考えたミルは，『自由論』において，自由は個人の発展にとって不可欠であると論じた。すべてを教え導かれ，自ら判断することがない個人の能力は，決して育つことがない。他者に危害を加えることがない限り，個人は自らが好むことをなす自由をもっている。そのような自由を否定する社会に進歩はありえないとミルは論じたのである。

トクヴィルと同じく，個人の自由への脅威は国家だけではないと考えたミルは，「多数者の暴政」を批判し，意見の多様性を認めず，個人を隷属させる社会の同質化圧力を告発した。また，政治に参加することで，人々が公共の事柄を学ぶという政治教育の効果にも着目した。個人の自己陶冶による能力の開花にこそ，ミルは期待したのである。

このような趣旨からミルは選挙権の拡大に積極的であり，とくに女性の選挙権を逸早く主張したことでも知られている。『代議制統

Keyword ㉕ 自由主義（Liberalism）

　自由主義とはきわめて多義的な概念であり，単一の定義は難しい。権力制限や政治参加の契機を中心とする政治的自由，所有権の保障や市場の役割を強調する経済的自由，寛容や活発な表現活動を重視する思想信条の自由など，多様な要素を内包する。言葉自体は19世紀の初頭に生まれたが，それ以前の，たとえばロックの思想もしばしば自由主義の名の下に論じられる。さらに自由主義の成立に先行する自由概念が論じられることもある。個人の自由や権利を擁護する点にその本質があることは間違いないが，それだけなら多くの思想にもあてはまる。個人とは国家に先立つ存在であり，国家は個人の権利を実現するためにあると説く社会契約論，近代国家の成立を前提に複雑な権力均衡によってその権力の抑制をはかる権力分立論，デモクラシーと個人の自由の緊張関係を鋭く説くポスト・フランス革命の思想こそが，固有の意味での自由主義思想といえるだろう。

治論』（1861年）では，具体的な選挙や投票のあり方，議会の制度的枠組みについて論じている。

　ただし，この本の中でミルは，人々の政治参加の教育的効果を強調する一方で，教育を受けた人間にはより多くの票を与えるという複数投票制を提案したり，逆に生活保護者や文字を読めない人間には選挙権を与えないとするなど，エリート主義的な主張も展開している。

　また，専門家による立法委員制も提案しているように，ミルは議会の立法能力に疑問を抱いていた。ドイツのプロイセン的な官僚制を評価するなど，単純な参加民主主義者とは異なる一面もミルはもっていた。

　『経済学原理』（1848年）を執筆するなど経済学者としても重要な役割を果たしたミルは，自由放任主義を肯定しつつ，当時の社会問

題にも積極的に取り組んだ。次第に社会主義に関心をもつに至ったミルは，後のフェビアン協会につながるイギリス社会民主主義の先駆ともなった。

3 社会主義とマルクス

社会問題と社会主義　18世紀後半にイギリスで始まった産業革命は，19世紀になるとヨーロッパ大陸諸国にも拡大していく。フランスでも七月王政期に産業革命が始まり，イギリスに次ぐ工業国の地位を確立した。

しかしながら，産業化の進展には光と影があった。都市における貧困者層の増大とその境遇の悪化は，まさに負の側面を象徴するものであった。「貧困」や「社会問題」といった言葉が注目される中，ヴィクトル・ユゴーの『レ・ミゼラブル』(1862年)は，貧困によって悲惨な境遇に陥った人々を主人公とする物語であった。

女性や子どもまでを含む，大衆レベルでの貧困の拡大をどのようにとらえるべきか。人々が想起したのはフランス革命である。抑圧された人々の解放をめざしたこの革命にもかかわらず，その後むしろ経済的・社会的な不平等は拡大している。そうだとすれば，フランス革命にはどこか不十分な点があったのではないか。

たしかにフランス革命は，政治的には人々を自由で平等な市民とし，経済的にも所有権の確立など，資本主義の発展に道を開いた。とはいえ，政治的・経済的な解放は，直ちに人間の全面的な解放を意味しない。

政府のあり方を変え，市場を導入したからといって，貧困や社会問題が解決されるわけではない。だとすれば，必要なのはより根源

> ***Keyword*** ㉖　社会主義（Socialsim）
>
> 　一口に社会主義といっても，単一の定義があるわけではないのは，自由主義や保守主義と同様である。19世紀において噴出した貧困や階級対立などの社会問題を克服するためには，社会全体の変革が必要であるという立場を総称するのが社会主義である。とはいえ，マルクスやエンゲルスが，それ以前の初期社会主義者を指して「空想的社会主義」と呼び，自分たちこそが「科学的社会主義」，すなわち「共産主義」であると称したことから，社会主義内部での対立が激しくなっていく。運動的には，プロレタリアート独裁を掲げて革命を主導する共産党の役割を強調するボルシェビズムと，労働者によるより分権的な社会変革を志向するアナルコ・サンディカリズムが激しく対立した。また，共産主義が資本主義と議会主義を基本的に否定するのに対し，社会民主主義は資本主義を前提に，議会制民主主義を通じた社会改良を掲げた。

的な解決ではないか。ここで注目が集まったのが「社会」である。政治的な支配服従関係とも，経済的な取引関係とも異なる，人と人との諸関係の総体。この意味での「社会」の根本的な変革が時代の課題として浮上した。

　このような視座からすれば，文明社会は決して豊かな社会ではなかった。実際には，貧困が増大し，資本家と労働者の階級対立が激化していった。そもそも文明社会の根底にあるエゴイズムや物質主義にこそ，問題はあったのではないか。これらを放置している限り，道徳的退廃は必然なのではないか。このような問題意識こそが社会主義の諸思想を生み出したのである。

　登場した初期社会主義思想の多くは，後にマルクスやフリードリヒ・エンゲルス（1820-95年）によって「空想的社会主義」と呼ばれることになる。具体的な実現方法を欠くことから「空想的」とされたこれらの構想は，決して一枚岩ではなく相互に矛盾もあったが，

3　社会主義とマルクス

19世紀における社会変革の多様なビジョンを示すものであった。

> サン・シモンとフーリエ

サン・シモン（1760-1825年）は，産業社会の到来を人類の歴史の画期とみなした。軍事的・封建的な社会はもはや過去のものとなり，今後は平等な諸個人によって，平和のうちに物が管理されていく。人間による人間の支配は不要となったとサン・シモンは考えた。

にもかかわらず，単なる自由放任主義では，経済的な無秩序をもたらすばかりである。今こそ，エゴイズムによる個人主義社会を乗り越え，普遍的な共同社会を実現しなければならない。そのために必要なのは，全体的な視野をもつ経済的エリートであるとサン・シモンは説いた。

サン・シモンの理想では，中央集権の下，社会があたかも一つの工場のようになり，政治問題は消滅してすべてが技術的問題となるはずであった。貧困や社会問題の解決に必要なのはよく組織された秩序であり，エゴイズムを克服するのは新たな倫理的共同体にほかならない。

サン・シモンの思想にはテクノクラティック（技術官僚的）な側面と宗教的な側面とがあった。その弟子たちが第二帝政期に運河・鉄道建設などで活躍する一方，サン・シモンは『新キリスト教』（1825年）を執筆し，新時代にふさわしいキリスト教を構想し続けた。

産業社会について基本的には肯定的であったサン・シモンに対し，シャルル・フーリエ（1772-1837年）は，はるかに厳しい目を向けた。サン・シモン流の産業主義は科学的な妄想であると批判するフーリエは，産業社会や文明社会は労働の細分化や貧困，不当な競争や詐欺をもたらすものであると考えた。

中央集権的なサン・シモンに対し，フーリエはより分権的なユートピア像を描いた。彼にとって重要なのは，人々の互いに対立する情念を抑圧することなく解放し，労働を快楽へと転換することであった。彼はそのための鍵を，「ファランジュ」という小規模な生産と消費の協同体（理想的な定員は1620人）に求めた。

　フーリエの構想は多くの人々にとって奇想としか受け止められなかったが，彼のファランジュの構想に基づく協同体づくりの実践はフランス以外の国々にも拡大した。非営利の協同活動であるアソシアシオンの活動の原点ともなったのがフーリエの思想であった。

オーウェンとプルードン

　イギリスのロバート・オーウェン（1771-1858年）は，自ら工場経営者として産業革命の現実を眼前にし，社会改良をめざした。社会の目的は人間の知的・肉体的・精神的な改善にあるが，市場における競争は人間を道徳的に改善しない。そのように考えたオーウェンは，労働者のための新しい社会論，教育論をめざした。

　環境が人間の性格に大きく影響すると考えたオーウェンは，「人間は自由な主体である」という名目の下に，すべてを労働者の自己責任にしたとき，むしろ社会の分裂と対立が悪化すると考えた。そこからオーウェンは，自らが経営するニュー・ラナークの紡績工場で生産と労務の科学的管理をめざすと同時に，労働条件や福利厚生を改善することで労働者の勤労意欲を高めようとした。

　教育を通じての社会改革にも大きな関心をもっていたオーウェンは，児童労働を禁止する工場法の制定のために努力し，さらに工場に子どものための学校を併設した。

　オーウェンはまた，労働者の協同組織づくりを構想した。相互利益のために労働と資本を結合し，生産・管理・分配の協同管理を実現することで，新たな道徳的・倫理的秩序の確立をめざしたのであ

る。

　その後オーウェンは，アメリカに渡り，ニュー・ハーモニーという名の協同体づくりも試みている。資本家の立場からの温情主義的な改良主義といわれることの多いオーウェンだが，そのための実験を行い，実践に努めた人生であった。

　ピエール・ジョセフ・プルードン（1809-65年）はオーウェンとは違い，貧しい職人の家に生まれ，独学で政治学や経済学を身につけた。各地で修業しながら熟練工になった彼のキャリアこそが，自由な交換による小生産者の社会という秩序構想につながっている。

　『所有とは何か』（1840年）における「所有とは盗みである」という命題で話題となったプルードンであるが，私的所有を完全に否定しているわけではない。労働者が自らの生産したものが高価で買えないという現状を批判したプルードンは，各個人の自主性が正しく社会化されることをめざした。単なる共有は，むしろ各自の固有性を否定するものとして退けられた。

　各自が異質で多様であるからこそ，その間に交流や交換が生じる。プルードンがめざしたのは，交換を通じて各自の個性がますます豊かになるような社会主義であった。おのおのが独立しながら，真に合理的な交換が行われることで秩序を生み出すことを，彼は連合の原理と呼んだ。

　プルードンが重視したのは労働の組織化である。諸個人を自律的な生産者の小集団に組織化し，そのような労働者の協同組織が連合することで，最終的には国家を死滅させることも可能である。このようなプルードンの思想は，アナルコ・サンディカリズム（無政府主義的組合主義）の理論的支柱となった。

　　　マルクス　　　ヘーゲル左派として出発したカール・マルクスがフランス革命に見出したのは，「市

Key person ㉖　マルクス（1818-83 年）

　ユダヤ系ドイツ人家庭に生まれたカール・マルクスは，大学では哲学を学び，ヘーゲル左派の影響を受けた。やがてジャーナリストになったが，主筆となった『ライン新聞』が弾圧されたことからフランスに移住し，最終的にはイギリスのロンドンで生涯を閉じている。この間にフリードリヒ・エンゲルスと出会い，共に『共産党宣言（共産主義者宣言）』（1848 年）や『ドイツ・イデオロギー』（1845-46 年）を執筆した。エンゲルスは物心両面でマルクスを支え，マルクスの死後はその遺稿の整理と刊行にあたっている。二月革命とナポレオン 3 世のクーデタに際しては，『ルイ・ボナパルトのブリュメール 18 日』（1852 年）を執筆し，後のパリ・コミューンについても『フランスの内乱』（1871 年）を発表している。第一インターナショナルに参加したが，やがてイギリスでは経済学の研究に従事し，その成果は『資本論』としてまとめられた（生前に刊行されたのは第 1 巻〈1867 年〉のみ）。哲学・政治学・経済学にまたがる研究を行い，政治的にも巨大な影響を与えた。

民」と「人間」の分裂であった。人は市民として政治的共同体に参加する一方，経済活動の主体として自らの欲望を追求する。

　ヘーゲルはこれを国家と市民社会の対立としてとらえ，最終的には「欲望の体系」としての市民社会を，より高次の普遍性を実現する国家が克服すると考えた（☞ ***Keyword*** ㉔）。しかしながら，マルクスにとってこれは無理な話であった。ヘーゲルが君主や官僚を特殊な利害を乗り越えたものとして描いたことは，まさにその非現実性を表しているとマルクスは考えた。

　マルクスは，政治的解放だけでは不十分であり，必要なのは人間の解放であると考えた。そのために重要なのは国家ではなく，市民社会そのものの抜本的改革である。このように考えたマルクスは，同時代の社会主義者が直ちに倫理的考察に向かったのに対し，むし

ろ人間の労働・生産活動そのものに着目した。

　人間は「物を作る動物（ホモ・ファベール）」であり、労働を通じて働き掛けることで自然を変化させ、物を作り出す。その意味で、人間にとって自由な生産とは、生産活動を通じて作り出した物の中に、自らの活動の意味を見出すことにある。

　ところが市民社会の現状では、労働者は欲望の体系に埋没し、自らの労働力を一個の商品として売りに出すしかない。生産物の中に自らを確認するどころか、むしろそこから疎外されるばかりである。

　人間は自分自身の労働を自らのものにできず、むしろ自らの作り出したものに従属している。しかも、労働は自己実現であるどころか、単なる生命維持の手段に堕している。ここに人間の疎外を見出したマルクスは、問題の根源は、労働が商品になっていることにあり、そのことは私有財産制と表裏一体であると考えた。

　それではマルクスは、人間解放の見通しをどう具体的に描いたのか。マルクスが示したのは階級闘争というビジョンであった。歴史を絶えざる階級闘争の過程として理解したマルクスは、有産階級であるブルジョワと、自らの労働力を商品として売るしかないプロレタリアートの対決が迫っていると考えた。

　窮迫化したプロレタリアートがブルジョワから権力を奪取し（プロレタリアート独裁）、生産手段を国有化することによって、階級対立の歴史は終わりを告げる。階級対立がなくなることで、政治権力は無用になり、残るのは物の管理だけであるとマルクスは予言した。

　マルクスは自らの立場を共産主義（Communism）と呼んだ。市民と個人、国家と市民社会の矛盾を乗り越えることで、真の共同性を実現するとしたマルクスの予言は、20世紀の社会主義革命とその体制崩壊によって、あるいは実現し、あるいは裏切られたのかもしれない。

結章　*20 世紀の政治思想*

❶第二次世界大戦において，ドイツを爆撃するソ連軍の Pe-2 戦闘爆撃機（左写真）。イタリアとドイツにおいて全体主義体制を築いたムッソリーニ（右写真，左）とヒトラー（同，右）（左写真：RIA Novosti/PANA，右写真：The Art Archive/PANA）。

デモクラシーの世紀

20世紀とはデモクラシーの世紀であった。すでに述べたように、西洋政治思想の歴史において、デモクラシーは必ずしも肯定的に用いられてきた言葉ではない。もともと「デーモス（民衆）の支配」を意味したこの言葉は、しばしば数をたのんだ衆愚政治と同一視され、否定的な含意を伴って語られた。共和政が「公共の利益が支配する政治」であるとすれば、デモクラシー（民主政）は「社会の多数を占める、貧しい人々の利益が支配する政治」にほかならなかった。

ところが、デモクラシーの理念の評価は20世紀に激変する。二つの世界大戦は、その大きなきっかけとなった。第一次世界大戦の結果、戦争に破れたドイツ帝国やオーストリア＝ハンガリー帝国だけでなく、ロシアでも革命が起こり帝政が終焉した。軍事力のみならず、経済力を含めた一国のすべてが戦争に投入される総動員体制の時代に、帝国はもちこたえられなかったのである。

第二次世界大戦の場合、デモクラシーと全体主義の対決という意味づけが、とくに途中から大戦に参加したアメリカによって強調された。ドイツのナチズム、イタリアのファシズム、そして日本の軍国主義は「全体主義（Totalitarianism）」の概念の下に一括されたのである。そして冷戦の開始後は、ここにソ連のスターリニズムが加えられることになる。

戦争中には、戦場に送られる兵士はもちろん、銃後で工場労働に従事する女性を含め、多くの国民が戦争遂行のために動員された。結果として、このことが選挙権の拡大へとつながっていく。戦争に貢献する以上、政治的発言権も認められるべきである。奇しくも古代ギリシアの場合と似た論理によって、戦争とデモクラシーが結び付いたのである。

このようにしてデモクラシーの正当性は急速に高まった。今日、

最も独裁的な国家すら，独裁の目的は民衆の利益の実現にあり，自らこそが真のデモクラシーを体現していると主張する。デモクラシーの理念を否定する体制が，地球上から事実上なくなったのが20世紀であったともいえる。とはいえ，その分，デモクラシーとは何かが曖昧になったことも間違いない。

　その一方で，急激に政治参加が拡大したことの意味についても，関心が集まっていく。人々は本当に政治的な諸問題を理解し，適切な判断を下すことができるのか。デモクラシーの担い手としての民衆の能力が問い直されたのである。関連して，マスメディアの拡大によるプロパガンダ（宣伝）や政治的操作が問題視された。

　中には，ヨーゼフ・シュンペーター（1883-1950年）のように，人民には政治を判断する能力はなく，重要なのはむしろ，政治的エリートが人民の投票を獲得するため競争することであるというエリート民主主義論を展開する論者も出てきた。デモクラシーの正当性が高まるにつれ，人民の統治能力への懐疑的なまなざしも強まっていったのである。

　曖昧になったデモクラシー概念に対し，それとは別の概念を提示しようとする試みもみられた。ロバート・ダール（1915-年）は「ポリアーキー」という概念を新たに作り出すことで問題の明確化をはかった。彼によればポリアーキーとは二つの軸から成る。

　一方において，言論，集会や結社の自由，そして政権をめぐる競争性が重要である。ダールはこれを「自由化」もしくは「公的異議申し立て」と呼ぶ。他方において，政治参加の度合い，すなわち選挙権をもつ人の割合が問われる。ダールはこれを「参加」もしくは「包括性」として位置づけた。

　二つの軸は相互に独立しており，一方が進展しても，他方は遅れたままということもある。両軸を組み合わせることで，さまざまな

政治体制を位置づけることができるとダールは主張した。デモクラシーを自称する多くの体制を実証的に分類するための工夫が，以後も発展していった。

政治とは何か

デモクラシーの世紀である20世紀において，政治はどのようなものとしてとらえられたのだろうか。政治の意味を根源的に見直した思想家に，カール・シュミット（1888-1985年）とハンナ・アーレント（1906-75年）がいる。

二人の思想家が「政治とは何か」について根源的な問い直しをしたのは，安定していたかに見えた19世紀的秩序があっけなく崩壊していくのを眼前にしたからである。

19世紀的秩序とは，少なくとも西洋諸国を中心とする国々においては国民国家体制が確立し，それぞれの国家内部では政党による代議政治が機能し，自由貿易体制と金本位制によって各国経済が調整されるというものであった。

このような秩序を前提に，国家よりはむしろ多様な社会集団に注目し，そのような集団間の利害調整こそが政治の本質であるとする見方が登場する。イギリスなどを中心に発展した多元国家観である。しかしながら，政治とはそのような集団間の利害調整に尽きるのだろうか。帝政崩壊後に混乱をきわめるドイツにおいて，シュミットは『政治的なものの概念』（1932年）を執筆して，この問いに正面から取り組んだ。

社会とは決して自動的に調整されるものではない。むしろ政治の本質は，友敵関係にあるのではないか。これこそがシュミット独自の結論であった。

たしかに平時においては，議会制や市場メカニズムを媒介として，社会は多様な集団の利害調整によって動いているかもしれない。あ

らゆる問題は妥協で処理することができるようにも見える。しかし，ひとたび戦争や革命状況になればそうはいかない。いわば例外状況においては，だれが友で，だれが敵かが死活的な意味をもつのである。

シュミットはこれこそが「政治的なるもの」の本質であるとした。この区別を曖昧にするとき，その国家は滅びざるをえない。例外状況において政治的な決断をする者こそが主権者であると彼は論じた。

このようなシュミットとは全く異なる政治の理解を示したのが，アーレントである。彼女は『全体主義の起源』（1951年）において，19世紀的秩序の崩壊後，相互に孤立した大衆を政治的プロパガンダによって動員したのは，イデオロギーに基づく単一政党であったと述べる。テロル（恐怖政治，粛正政治）の支配する全体主義の時代とは，あたかも政治がすべてを支配したかのような時代であった。

しかしながら，政治とは本当にそのようなものなのか。アーレントは古代ギリシアに遡って，本来の政治の意味を問い直す。彼女は『人間の条件』（1958年）において，人間の営みを労働（labor）・仕事（work）・活動（action）に分けて考えた。

日々の糧を得るためのルーティンな「労働」，1回限りの個性的な作品を残すための「仕事」が，共に人間と物との関係に重点を置くのに対し，アーレントは第三のカテゴリーとして，人間が言語を介して他の個人と交わる「活動」を位置づける。彼女はまさにこの活動にこそ，政治の本来の意義を見出したのである（☞ ***Keyword*** *①*）。

アーレントにとって政治の本質は複数性にあり，この複数性を否定する全体主義が支配した20世紀は，政治が支配したどころか，政治が見失われた時代にほかならなかった。

自由主義の転換　　全体主義が問題になった 20 世紀とは，人間の自由の意味があらためて問題となった時代でもある。アイザイア・バーリン（1909-97 年）の論文「二つの自由概念」（1958 年）は，20 世紀において自由概念がもった多義性をよく示している。

バーリンは，コンスタンの「古代人の自由と近代人の自由」（☞第 8 章 **2**）も参照しつつ，新たに「消極的自由」と「積極的自由」の区別を提示する。消極的自由とは，端的に強制の欠如を指す。人が自らの意志を実現しようとするときに，それが妨害されないこと，干渉されないことが自由である。「何をするか」は問わず，あくまで妨害の有無だけを問題にするという意味で，形式的な自由の定義ともいえる。

これに対して積極的自由とは，自由のより実質的な側面に着目するものである。たとえばカントは，人間が自らのあるがままの欲望の言いなりになるのではなく，自らの理性の命令に自発的に従うことが，自律であり自由であると論じた（☞第 6 章 **2**）。このように，あるがままの自我（低次の自我）を，あるべき自我（高次の自我）によってコントロールすることが積極的自由である。

バーリンにいわせれば，フランス革命のときのジャコバン派や，ロシア革命における共産主義者は，このような意味で積極的自由の実現をはかるものであった。しかしながら，その帰結は悲惨であった。「あるべき自我」による「あるがままの自我」の統制というモデルは，しばしば独裁を正当化することにつながった。このことからバーリンは，積極的自由はむしろ自由の否定につながるとして，あえて消極的自由を擁護した。

背景には消極的自由すら尊重されなかった 20 世紀の時代体験があった。バーリンはロシア帝国が支配するラトヴィアから少年時代

にイギリスに移住したが，彼自身の実感がそこに込められていたのかもしれない。

やがて福祉国家の時代が到来し，国家の役割が次第に拡大するにつれ，自由主義の意味も変わっていく。すなわち，国家の役割を狭い意味での治安維持や安全保障に限る19世紀的な「夜警国家」観に代わり，国家が社会保障を通じて国民の生活の安定をはかる「福祉国家」が発展していったのである。

このような変化を理論的に支えた経済学者が，イギリスのジョン・メイナード・ケインズ（1883-1946年）である。ケインズは自由放任的な市場経済の限界を強調し，社会主義に対抗するためにも，政府が積極的に公共投資等を通じて経済を刺激する必要があると説いた。1929年にアメリカで始まった世界恐慌が，その考えの説得力を増した。

結果として，個人の経済的・社会的条件を改善するために，政府が積極的な役割を果たすことは，自由の否定ではないという考えが台頭する。個人の自由を実現するため，国家の役割をむしろ積極的に擁護する立場が自由主義(リベラリズム)と呼ばれるようになった。「小さな政府」を掲げていた自由主義は，「大きな政府」へと大きくその立場を転換したのである。

当然，このような自由主義概念の変質に対する反発も出てくる。とくに，東西冷戦期における西側諸国が低成長期に入り，「大きな政府」の機能不全や非効率性が語られるようになった1970年代，古典的な自由主義復興の動きが強まった。この動きを代表するのが，フリードリヒ・ハイエク（1899-1992年）である。

ケインズとも論争を交わしたハイエクは，計画経済の非効率性を批判し，むしろ18世紀のアダム・スミスやヒュームに遡って，本来の自由主義を取り戻すべきだと主張した。彼の考えでは，各個人

が自らのもつ知識を思うように使用することが自由であり、計画経済の下、政府があたかも全能者のように社会全体を統制しようとすることは、非効率であるのみならず、「隷従への道」でもあった。

ハイエクらによって復興された古典的な自由主義の思想は、その後、「新自由主義」と呼ばれることになる。むしろ20世紀的な自由主義(リベラリズム)の方が新しいと考えるハイエクには皮肉な事態であったが、今日なお自由主義の理解については議論が続いている。

政治思想の現在

それでは、現在の政治思想において問われているのは何であろうか。論点は多岐にわたるが、あえて権力論、正義論、帝国論という三つの論点に絞りたい。

権力論という場合、ここまでも検討してきたように、伝統的には国家の専制的な権力からいかに個人の自由を守るかが論じられてきた。19世紀以降はこれに加え、社会の多数派による少数派の抑圧にも注目が集まっている。

現代では、国家や狭い意味での社会にとどまらず、これまでであれば、必ずしも権力が作用しているとはみなされていなかった領域において、権力の働きが認められるようになっている。たとえばルイ・アルチュセール(1918-90年)は、家族、学校、マスメディアなど、社会の至るところに「国家のイデオロギー装置」を見出した。

ミッシェル・フーコー(1926-84年)もまた、『監獄の誕生』(1975年)において、近代における新たな権力のあり方を論じた。フーコーによれば、学校や工場など、社会の至るところで人々は不断に監視され訓練されている。結果として、外から強制されなくても、人々はいつの間にか自発的に権力の指示に従って行動するようになる。自覚がないままに人々を服従させる新たな権力の働きに対して、はたして自由は可能か。このことが現代権力論の最大の焦点となっ

ている。

　現代的な権力論が，社会に微細にはりめぐらされたミクロな権力のネットワークに注目しているとすれば，多様な諸個人から成る現代社会の基本的な枠組みについて，マクロに構想するのが現代正義論である。

　ジョン・ロールズ（1921-2002年）の『正義論』（1971年）は，それまで英米圏の政治哲学において支配的であった功利主義（☞第8章 **2**）に挑戦することで，現代政治哲学復興の礎となった著作である。

　「最大多数の最大幸福」を社会の実現すべき善と定義し，この善の実現を基準にあらゆる個人の行為や政策を評価しようとする功利主義に対し，ロールズはあえて正義を強調し，「正義の善に対する優位」を説いた。その理由としてロールズは，社会全体の幸福の増大のために個人の権利を犠牲にしてはならないこと，また社会の基本的ルールを特定の善の構想に依拠させてはならないことを指摘している。

　それでは，社会においてさまざまな境遇にあり，多様な善の構想を抱く諸個人が等しく合意できる社会の基本的原理とは何であろうか。ロールズは二つの原理を提示する。基本的な自由に対する諸個人の平等な権利が第一原理，そして公正な機会均等の下（公正な機会均等の原理），社会において最も恵まれない人々の境遇を改善する限りでのみ（格差原理），経済的・社会的不平等は認められるというのが第二原理である。

　このようなロールズによる正義の定式化をきっかけに，多様な論争が起きることになる。ロールズが社会的弱者に対する政府による再配分を肯定しているのに対し，ロバート・ノージック（1938-2002年）は『アナーキー・国家・ユートピア』（1974年）を執筆し，ロックの所有権理論に遡って，社会に対する国家の介入を最小限化する

ことを訴えた。

　また，チャールズ・テイラー（1931-年）やマイケル・サンデル（1953-年）らは，ロールズが正義の原理を抽出する際の方法論を批判し，個人が置かれた具体的な社会的境遇を考慮に入れることなしに，いかなる社会の基本的ルールも論じることはできないと論じた。サンデルはロールズの抽象的な個人観を「負荷なき自我」と批判したが，このような彼らの立場は，コミュニタリアニズム（共同体主義）と呼ばれることになる。

　最後に，マイケル・ハート（1960-年）と共に『帝国』（2000年）を執筆して話題になったアントニオ・ネグリ（1933-年）についてもふれておきたい。フーコーらの現代権力論を受けて，ネグリらは冷戦終焉後の世界において，新たなネットワーク状の権力が拡がっていると説く。主権国家の権力と異なる脱領域的な権力の作用を，ネグリらは「帝国」と呼んだ。

　興味深いのは，帝国主義と区別して帝国を論じようとするネグリらの議論に，本書でも検討した帝国論が流れ込んでいる点である。近代主権国家が終わりを迎えつつあるかに見える現在，一つの文明の下に世界を統合しようとする古典的な帝国（☞ *Keyword* ④）が復活する可能性はあるのだろうか。ネグリらがしばしば現代における混合政体論（☞第1章 **3**，第2章 **1**）に言及している点と合わせ，西洋政治思想の伝統が現在もなお，眼前に展開する状況を読み解く上で，意義をもっていることがわかる。

あとがき

　昔，同学の先輩である，故福田有広さんからこのようにいわれたことがある。「宇野さんは，トクヴィルをやっているのでいいですね」。いわれた瞬間は，どのような意味かがよくわからず，きょとんとしてしまったことを覚えている。

　福田さんにいわせれば，政治思想史とは，ある思想家が前の時代の思想家の本を読み，そして書いたものをさらに後の時代の人が読むという，その繰り返しにほかならない。福田さん自身は，17世紀イングランドの思想家，トマス・ホッブズやジェームズ・ハリントンを研究されていたが，筆者の研究するアレクシ・ド・トクヴィルは19世紀の人物である。通史を講じる上で，17世紀から19世紀までの分，やりやすいだろうというのが趣旨のようだった。

　その当時，筆者が福田さんの言葉の意味を，どれだけ理解できていたのかはあやしい。とはいえ，その後，研究を進めると同時に，自ら西洋政治思想史の講義をするようになって，福田さんの言葉の意味をひしひしと感じるようになった。そして，自分もまた，古典の絶えざる読み直しのプロセスの末端に位置することを自覚するようになった。

　もちろん，先達の重厚な「読み」と比べて，自分の理解の浅さを痛感する毎日である。それでも，過去からの「読み」の伝統に連なっていくことには喜びを感じるし，その思いを若い学生さんに伝えられたらいいなといつも願っている。

　本書は，2012年度において，筆者が立教大学法学部の非常勤講師として行った「欧州政治思想史」の講義での経験をもとにしている。講義の受講者のみなさんの反応が，本書のどこかに反響してい

るはずである。「ここが面白い，ここがわからない」と話してくれたみなさんに感謝したい。

　筆者自身は，東京大学法学部における佐々木毅先生の政治学史の講義を受講したことによって，西洋政治思想史研究の道へと進むことになった。当時，教科書として指定されていたのは，福田歓一先生の『政治学史』（東京大学出版会）であった。東京大学では，有賀弘先生の講義にも出席させていただいた（本書の刊行を目前に，有賀先生ご逝去の報に接した。心よりお悔やみ申し上げたい）。このような環境において西洋政治思想史を学ぶことができたのは，自らの好運であったとあらためて思う。教壇に立つようになってからは，佐々木毅・鷲見誠一・杉田敦の3先生による『西洋政治思想史』（北樹出版）を教科書に指定することが多かった。

　その意味でいえば，自分が今，新たに西洋政治思想史の教科書を執筆する意味がどこにあるのかという不安は小さくない。世に優れた教科書は多く，自分がこの本の中に書いたことのほとんどは，佐々木先生をはじめとする諸先生の講義や教科書の抜き書きのようなものにすぎない。どこに筆者自身のオリジナルな部分があるのかと問われると，正直いって答えに窮する。

　それでも，筆者が蛮勇をふるって本書を執筆したのは（現在において，一人の著者が西洋政治思想史の教科書を執筆することは，まさしく「蛮勇」であろう），西洋政治思想史における「読み」の伝統に，自らもささやかながらも連なりたいという思いからである。どれだけ拙いものであれ，今の時代を生きる人間の一人として，「私は，西洋政治思想史の伝統をこのように受け止めました」という，いわば一つの証言として本書を執筆した。この本をきっかけに，一人でも多くの方がこの伝統に参入したいと思ってくだされば，著者として

これにまさる喜びはない。

　すでに述べたように，世に優れた西洋政治思想史の教科書は多い。本書もまた，その学恩に多くを負っている。参考にさせていただいた本は多いが（その一部を「引用・参考文献」に示した），一点だけ，とくに強調して言及することを許していただきたい。それは，冒頭でもふれた，故福田有広さんの「政治学史講義プリント」である。

　福田さんは，東京大学法学部における政治学史の講義のために心血を注がれたが，そのために学生用の「政治学史講義プリント」を作成され，改訂を繰り返された。筆者自身は福田さんの講義に出席したことはないが，福田さんからたびたびこの「政治学史講義プリント」をいただき，参考とさせていただいた（今，手元にあるのは，1998 年夏学期と 2003 年夏学期のものである）。個人的にも親しくさせていただいた福田さんに，あらためて感謝したい。

　本書は，有斐閣書籍編集第 2 部の青海泰司さんと岩田拓也さんの熱意なしに，この世に決して生まれるはずのなかったものである。教科書とは，学を究めた大ベテラン研究者が書くものだと考える筆者のところに，青海さんと岩田さんは繰り返し訪ねられ，気長に説得を続けられた。まだまだ未熟な筆者の教科書にも，固有の良さがあるはずだと，今はただ信じるしかない。末筆ながら感謝したい。

　2013 年晩夏

宇 野 重 規

読書案内

● 全体を通じて

　この本を読み，さらに深く，広く西洋政治思想史を勉強しようと思った場合，どのような本を読めばよいのだろうか。2000年以上にわたる西洋政治思想史を貫く視座を提供してくれるものとしては，佐々木毅『民主主義という不思議な仕組み』（ちくまプリマー新書，2007年）が，初学者向きにわかりやすく説明してくれる。福田歓一『近代の政治思想——その現実的・理論的諸前提』（岩波新書，1970年）も，近代の政治思想を貫く思考の原理を明確に示すものである。やや専門的にはなるが，半澤孝麿『ヨーロッパ思想史における〈政治〉の位相』（岩波書店，2003年）は，「自由」や「非政治的なもの」の概念を論じることで，西洋政治思想史を貫くモチーフを示唆してくれる。さらに，藤原保信『自由主義の再検討』（岩波新書，1993年）は，自由主義というテーマに即して近代政治思想を展望して射程が広い。バーナード・クリック『デモクラシー』（添谷育志・金田耕一訳，岩波書店，2004年／原著2002年）も，小著ながら共和主義とデモクラシーの関係を大胆に論じて有益である。

　政治思想史の方法論についても，議論の蓄積がある。代表的なものとしてクェンティン・スキナー『思想史とは何か——意味とコンテクスト』（半澤孝麿・加藤節編訳，岩波書店，1990年／原著1988年）がある。古典を読む際に，文章（テキスト）と文脈（コンテキスト）の関係をどのように理解すべきか。いまだに論争は続いている。小笠原弘親・飯島昇藏 編『政治思想史の方法』（早稲田大学出版部，1990年）は，現代における代表的な方法論的考察を紹介して有益である。J. G. A. ポーコック『徳・商業・歴史』（田中秀夫訳，みすず書房，1993年／原著1985年）は，18世紀イギリス政治思想史における徳から商業への関心の転換を論じつつ，方法論的にも重要な問題提起をしている。さらに，もはや古典ともなったカール・マンハイム『イデオロギーとユートピア』（高橋徹・徳永恂訳，中公クラシックス，2006年／原著1929年）

207

は，思想とそれを担う社会的主体の問題を考える上で，今なお必読文献である。

● はじめに

現在，西洋政治思想史の基本的な枠組みとなった政治的人文主義や共和主義であるが，その最も基本的な文献はやはり，**ジョン・G. A. ポーコック『マキァヴェリアン・モーメント――フィレンツェの政治思想と大西洋圏の共和主義の伝統』**（田中秀夫ほか訳，名古屋大学出版会，2008年／原著初版1975年）であろう。ルネサンス期のフィレンツェに復活した古典的な政治学の伝統が，17世紀のイングランド，そして大西洋をわたって新大陸に伝わる「トンネル・ヒストリー」の展望は雄大である。さらに**クエンティン・スキナー『近代政治思想の基礎――ルネッサンス，宗教改革の時代』**（門間都喜郎訳，春風社，2009年／原著1978年）もまた，人文主義的伝統の視点から近代政治思想を再解釈した決定的著作である。同じ著者が「ネオ・ローマ理論」を提唱した，**クエンティン・スキナー『自由主義に先立つ自由』**（梅津順一訳，聖学院大学出版会，2001年／原著1998年）とあわせ，読んでおきたい。

● 第1章

古代ギリシアについては数多くの本が出版されているが，政治に関していえば，**モーゼス・I. フィンリー『民主主義――古代と現代』**（柴田平三郎訳，講談社学術文庫，2007年／原著1973年）が，コンパクトながら，古代と近代の民主主義を対比的に論じる古典としてなお有益である。古代の民主政治の実態を知るには，**橋場弦『丘のうえの民主政――古代アテネの実験』**（東京大学出版会，1997年）や，**澤田典子『アテネ民主政――命をかけた八人の政治家』**（講談社選書メチエ，2010年）など，歴史学の知見も興味深い。ローマと合わせ，古代の政治思想の概観を得るには，**佐々木毅『よみがえる古代思想――「哲学と政治」講義I』**（講談社学術文庫，2012年）が重要である。

● 第 2 章

　古代ローマについても文献は増えつつある。入門的には，**青柳正規『ローマ帝国』**（岩波ジュニア新書，2004 年）が読みやすい。本格的には**テオドール・モムゼン『ローマの歴史』**（全 4 巻，長谷川博隆訳，名古屋大学出版会，2005-07 年／原著 1854-85）や，**エドワード・ギボン『ローマ帝国衰亡史』**（全 10 巻，中野好夫ほか訳，ちくま学芸文庫，1995-96 年／原著 1776-88 年）に挑戦したい。歴史小説ではあるが，**塩野七生『ローマ人の物語』**（全 43 巻，新潮文庫，2002-11 年）も面白い。**高田康成『キケロ——ヨーロッパの知的伝統』**（岩波新書，1999 年）は，西洋政治思想史においてキケロ，さらにはローマ的な伝統がもった重要性を明らかにしてくれる。

● 第 3 章

　キリスト教と中世ヨーロッパについても興味深い本が尽きない。通史的には，**クシシトフ・ポミアン『増補 ヨーロッパとは何か——分裂と統合の1500 年』**（松村剛訳，平凡社ライブラリー，2002 年／原著 1990 年）が大きな展望を与えてくれる。中世における聖俗の権力の対立については，**佐々木毅『宗教と権力の政治——「哲学と政治」講義 II』**（講談社学術文庫，2012 年）が有益である。キリスト教における正統と異端の関係は複雑だが，**堀米庸三『正統と異端——ヨーロッパ精神の底流』**（中公文庫，2013 年）はその古典であり，今日なお興味深く読める。中世における団体論の発展を探った**エルンスト・H. カントーロヴィチ『王の二つの身体——中世政治神学研究』**（上・下，小林公訳，ちくま学芸文庫，2003 年／原著 1957 年）は，中世的思考の奥深さを垣間見せてくれる。

● 第 4 章

　ルネサンスについての古典としては今もなお，**ヤーコプ・ブルクハルト『イタリア・ルネサンスの文化』**（上・下，柴田治三郎訳，中公文庫，1974 年／原

著1860年）が必読文献である。ただし，本文中にも記したように，いわゆるルネサンス史観は現在，大きく揺らいでいる。それに先行するルネサンスについて，例えば伊東俊太郎『十二世紀ルネサンス』（講談社学術文庫，2006年）がわかりやすい。ルネサンスと宗教改革の関連については，エルンスト・トレルチ『ルネサンスと宗教改革』（内田芳明訳，岩波文庫，1959年／原著1913年）が古典であるが，すでに言及した**スキナー『近代政治思想の基礎』**が，研究の現状をよく示している。

● 第5章

17世紀イングランドの政治思想については，先に述べた**ポーコック『マキァヴェリアン・モーメント』**によって，ホイッグ史観をはじめとする従来の歴史観は大きく塗り替えられた。とはいえ，ピューリタニズムの思想と民主主義思想の関連を考察する**アレクサンダー・D. リンゼイ『民主主義の本質――イギリス・デモクラシーとピュウリタニズム〔増補〕』**（永岡薫訳，未来社，1992年／原著1943年）や，所有に基礎を置く個人主義観念に着目した**クロフォード・B. マクファーソン『所有的個人主義の政治理論』**（藤野渉ほか訳，合同出版，1980年／原著1962年）などは，それぞれの視点からこの時代を読み解き，今日でも多様な示唆を与えてくれる。

● 第6章

18世紀の政治思想こそ，ここ数十年間で最も劇的に研究状況が変わった時代といえる。この時代における，カフェやサロンにおける公共空間の発達を論じた古典的著作が，**ユルゲン・ハーバーマス『公共性の構造転換――市民社会の一カテゴリーについての研究〔第2版〕』**（細谷貞雄・山田正行訳，未来社，1994年／原著初版1962年）である。近年，啓蒙思想に関しても共和主義との関係が重要になっているが，研究状況を概観する上では**イシュトファン・ホント＝マイケル・イグナティエフ編『富と徳――スコットランド啓蒙における経済学の形成』**（水田洋・杉山忠平監訳，未来社，1991年／原著1983年）や，田

中秀夫『共和主義と啓蒙——思想史の視野から』（ミネルヴァ書房，1998 年）が有益である。

● 第 7 章

アメリカ史解釈において，今日ではいわゆる共和主義的解釈が有力になっている。そのような変化のきっかけともなった**ハンナ・アレント『革命について』**（志水速雄訳，ちくま学芸文庫，1995 年／原著 1963 年）を読んでおきたい。また，共和主義の視点からアメリカ連邦最高裁の判例史と経済論戦を読み解く，**マイケル・J. サンデル『民主政の不満』**（上・下，金原恭子・小林正弥監訳，勁草書房，2010 年／原著 1996 年）も興味深い。ルソーとフランス革命についても汗牛充棟だが，ここでは**リュシアン・ジョーム『徳の共和国か，個人の自由か——ジャコバン派と国家 1973 年-94 年』**（石埼学訳，勁草書房，1998 年／原著 1990 年）をあげておく。保守主義についても文献は無数にあるが，**ロバート・ニスベット『保守主義——夢と現実』**（富沢克・谷川昌幸訳，昭和堂，1990 年／原著 1986 年）が有益である。

● 第 8 章

19 世紀の多様なイデオロギーを概観するのは難しいが，**イマニュエル・ウォーラーステイン『脱＝社会科学——19 世紀パラダイムの限界』**（本多健吉・高橋章監訳，藤原書店，1993 年／原著 1991 年）などが，巨視的な展望を得る上で役に立つだろう。自由主義の歴史についても数多くの著作があるが，**ジョン・グレイ『自由主義』**（藤原保信・輪島達郎訳，昭和堂，1991 年／原著初版 1986 年）などが参考になる。現代の政治哲学者である**ジョン・ロールズ／サミュエル・フリーマン編『ロールズ政治哲学史講義』**（I・II，齋藤純一ほか訳，岩波書店，2011 年／原著 2007 年）の，19 世紀の部分も興味深い。社会主義思想史としては，**エドマンド・ウィルソン『フィンランド駅へ——革命の世紀の群像』**（上・下，岡本正明訳，みすず書房，1999 年／原著 1940 年）が精彩があって面白い。

● 結 章

　20世紀の政治思想については，まだこれからの課題であろう。20世紀の歴史的概観を得るためには，エリック・ホブズボーム『20世紀の歴史——極端な時代』（上・下，河合秀和訳，三省堂，1996年／原著1994年）を薦めたい。**佐々木毅『政治学は何を考えてきたか』**（筑摩書房，2006年）と，**小野紀明『二十世紀の政治思想』**（岩波書店，1996年）は，現代日本を代表する政治思想史家による洞察深い20世紀論である。世紀末の冷戦終焉にあたっては，**フランシス・フクヤマ『歴史の終わり』**（上・下，渡部昇一訳，三笠書房，1992年／原著1992年）が話題になった。その判断はやや尚早だったようだが，この本自体は独自の面白さをもっている。

引用・参考文献

*入手のしやすさを考え，文庫版などがある場合は文庫版を，翻訳がある場合は翻訳書を掲げた。
*複数の翻訳を参照した場合には，各翻訳を／で区切って併記している。
*翻訳書については，原著の発行年を各著作の末尾に［　］で示した。

◆ 通　史
ウォーリン，シェルドン・S.『政治とヴィジョン』(尾形典男・福田歓一・佐々木武・有賀弘・佐々木毅・半澤孝麿・田中治男訳)福村出版，2007年［1960年］。
小笠原弘親・小野紀明・藤原保信『政治思想史』有斐閣Sシリーズ，1987年。
川出良枝・山岡龍一『西洋政治思想史――視座と論点』岩波書店，2012年。
佐々木毅・鷲見誠一・杉田敦『西洋政治思想史』北樹出版，1995年。
田中治男『西欧政治思想』岩波書店，1997年。
福田歓一『政治学史』東京大学出版会，1985年。
藤原保信・飯島昇藏編『西洋政治思想史』Ⅰ・Ⅱ，新評論，1995・96年。
山岡龍一『西洋政治理論の伝統』放送大学出版会，2009年。

◆ 数章にまたがる概説書・論集
岩田靖夫『ヨーロッパ思想入門』岩波ジュニア新書，2003年。
古賀敬太編『政治概念の歴史的展開』第1-6巻，晃洋書房，2004-13年。
佐々木毅編『自由と自由主義――その政治思想的諸相』東京大学出版会，1995年。
佐々木毅『よみがえる古代思想――「哲学と政治」講義Ⅰ』講談社学術文庫，2012年。
佐々木毅『宗教と権力の政治――「哲学と政治」講義Ⅱ』講談社学術文庫，2012年。
福田有広・谷口将紀編『デモクラシーの政治学』東京大学出版会，2002年。
福田歓一『近代政治原理成立史序説』岩波書店，1971年。

●一次文献●

◆ はじめに
ヘーゲル『歴史哲学講義』上・下（長谷川宏訳）岩波文庫，1994年［1837年］。

◆ 第1章
〔古代ギリシアにおける政治と哲学〕
ヘロドトス『歴史』上・中・下（松平千秋訳）岩波文庫，1971-72年。
トゥーキュディデース『戦史』上・中・下（久保正彰訳）岩波文庫，1966-67年／トゥキュディデス『歴史〈1〉』（藤縄謙三訳）・『歴史〈2〉』（城江良和訳）京都大学学

213

術出版会，2000-03 年／トゥキュディデス『歴史』上・下（小西晴雄訳），ちくま学芸文庫，2013 年［前 5 世紀］。
ホメロス『イリアス』上・下（松平千秋訳）岩波文庫，1992 年
ホメロス『オデュッセイア』上・下（松平千秋訳）岩波文庫，1994 年。
ソポクレース『アンティゴネー』（呉茂一訳）岩波文庫，1961 年［前 442 年ごろ］。
　　〔プラトン〕
プラトン『ソクラテスの弁明 クリトン』（久保勉訳）岩波文庫，1964 年。
プラトン『国家』上・下（藤沢令夫訳）岩波文庫，1979 年［前 380 年ごろ］。
プラトン『ゴルギアス』（加来彰俊訳）岩波文庫，1967 年［前 380 年ごろ］。
プラトン『法律』上・下（森進一・池田美恵・加来彰俊訳）岩波文庫，1993 年。
　　〔アリストテレス〕
アリストテレス『政治学』（山本光雄訳）岩波文庫，1961 年／『政治学』（牛田徳子訳）京都大学学術出版会，2001 年［前 322 年ごろ］。
アリストテレス『ニコマコス倫理学』上・下（高田三郎訳）岩波文庫，1971-73 年／『ニコマコス倫理学』（朴一功訳）京都大学学術出版会，2002 年。

◆ 第 2 章
　　〔ヘレニズムとローマ〕
リーウィウス『ローマ建国史』上（鈴木一州訳）岩波文庫，2007 年［前 320 年ごろ］。
ポリュビオス『歴史』全 4 巻（城江良和訳）京都大学学術出版会，2004-13 年。
　　〔帝政ローマの政治思想〕
キケロー「国家について」『キケロー選集 8』（岡道男訳）岩波書店，1999 年［前 51 年ごろ］。
キケロー「法律について」『キケロー選集 8』（岡道男訳）岩波書店，1999 年［前 52-前 43 年ごろ］。
キケロー『義務について』（泉井久之助訳）岩波文庫，1961 年／「義務について」『キケロー選集 9』（中務哲郎・高橋宏幸訳）岩波書店，1999 年［前 44 年ごろ］。
タキトゥス『ゲルマーニア』（泉井久之助訳）岩波文庫，1979 年／『ゲルマニア アグリコラ』（国原吉之助訳）ちくま学芸文庫，1996 年［98 年ごろ］。
タキトゥス『年代記——ティベリウス帝からネロ帝へ』上・下（国原吉之助訳）岩波文庫，1981 年［109 年ごろ］。
タキトゥス『同時代史』（國原吉之助訳）ちくま学芸文庫，2012 年［105-108 年ごろ］。
セネカ『生の短さについて 他二篇』（大西英文訳）岩波文庫，2010 年［50 年ごろ］。
　　〔アウグスティヌス〕
アウグスティヌス「自由意思」『アウグスティヌス著作集』第 3 巻（泉治典訳）教文館，1989 年〔387-389，391-395 年〕。
聖アウグスティヌス『告白』上・下（服部英次郎訳）岩波文庫，1976 年［397-400 年］。
アウグスティヌス『神の国』全 5 巻（服部英次郎・藤本雄三訳）岩波文庫，1982-91 年［413-426 年ごろ］。

◆ 第3章
〔ヨーロッパ世界の成立〕

ボエティウス『哲学の慰め』（畠中尚志訳）岩波文庫，1950年／『哲学の慰め』（渡辺義雄訳）筑摩叢書，1969年［1473年］。

〔12世紀ルネサンスとスコラ哲学〕

トマス・アクィナス『神學大全』全45巻（高田三郎・山田晶・稲垣良典ほか訳）創文社，1960-2012年［1265-73年］。

◆ 第4章
〔マキアヴェリ〕

マキアヴェッリ『君主論』（河島英昭訳）岩波文庫，1998年／マキアヴェリ『君主論』（池田廉訳）中公クラシックス，2001年／マキアヴェリ，ニッコロ『君主論』（佐々木毅訳）講談社学術文庫，2004年［1532年］。

マキァヴェッリ『ディスコルシ――「ローマ史」論』（永井三明訳）ちくま学芸文庫，2011年［1531年］。

マキァヴェッリ『フィレンツェ史』上・下（齊藤寛海訳）岩波文庫，2012年［1525年］。

〔宗教改革〕

ルター，マルティン『キリスト者の自由 聖書への序言 新訳』（石原謙訳）岩波文庫，1955年［『キリスト者の自由』：1520年，『聖書への助言』：1522年］。

カルヴァン，J.『キリスト教綱要（1536年版）』（久米あつみ訳）教文館，2000年／カルヴァン，ジャン『キリスト教綱要 改訳版』全4篇（渡辺信夫訳）新教出版社，2007-09年［1536年］。

◆ 第5章
〔ホッブズ〕

ホッブズ『リヴァイアサン』全4巻（水田洋訳）岩波文庫，1982・85・1992年／『リヴァイアサン』Ⅰ・Ⅱ（永井道雄・上田邦義訳）中公クラシックス，2009年［1651年］。

ホッブズ『市民論』（本田裕志訳）京都大学学術出版会，2008年［1642年］。

ホッブズ『人間論』（本田裕志訳）京都大学学術出版会，2012年［1658年］。

〔ハリントン〕

ハリントン『オシアナ』（世界大思想全集 社会・宗教・科学思想篇2）（田中浩訳）河出書房新社，1962年［1656年］。

〔ロック〕

ロック，ジョン『完訳 統治二論』（加藤節訳）岩波文庫，2010年［1690年，訳本の底本は1713年版］。

◆第6章
〔モンテスキュー〕

モンテスキュー,シャルル『法の精神』上・中・下(野田良之・稲本洋之助・上原行雄・田中治男・三辺博之・横田地弘訳)岩波文庫,1989年［1748年］。

モンテスキュー『ローマ人盛衰原因論』(田中治男・栗田伸子訳)岩波文庫,1989年［1734年］。

〔啓蒙思想〕

カント,イマヌエル『啓蒙とは何か 他四篇』(篠田英雄訳)岩波文庫,1974年／『永遠平和のために／啓蒙とは何か 他3篇』(中山元訳)光文社古典新訳文庫,2006年［「啓蒙とは何か」：1784年］。

ヴォルテール『哲学書簡』(林達夫訳)岩波文庫,1980年／『哲学書簡 哲学辞典』(中川信・高橋安光訳)中公クラシックス,2005年［1734年］。

ヴォルテール『寛容論』(中川信訳)中公文庫,2011年［1763年］。

ディドロ=ダランベール編『百科全書——序論および代表項目』(桑原武夫訳編)岩波文庫,1995年［1751-72年］。

〔スコットランド啓蒙〕

マンデヴィル,バーナード『蜂の寓話——私悪すなわち公益』(泉谷治訳)法政大学出版局,1985年［1705年］。

スミス,アダム『国富論』全4巻(水田洋監訳,杉山忠平訳)岩波文庫,2000-01年［1776年］。

スミス,アダム『道徳感情論』上・下(水田洋訳)岩波文庫,2003年［1759年］。

ヒューム,デイヴィッド『政治論集』(田中秀夫訳)京都大学学術出版会,2010年［1752年］。

ヒューム,デイヴィッド『道徳・政治・文学論集』(田中敏弘訳)名古屋大学出版会,2011年［1741-42年］。

◆第7章
〔ルソー〕

ルソー,ジャン=ジャック『学問芸術論』(前川貞次郎訳)岩波文庫,1968年［1750年］。

ルソー,ジャン=ジャック『人間不平等起源論』(本田喜代治・平岡昇訳)岩波文庫,1972年／『人間不平等起源論 社会契約論』(小林善彦・井上幸治訳)中公クラシックス,2005年／『人間不平等起源論』(中山元訳)光文社古典新訳文庫,2008年［1755年］。

ルソー,ジャン=ジャック『社会契約論』(桑原武夫・前川貞次郎訳)岩波文庫,1954年／『社会契約論』(作田啓一訳)白水Uブックス,2010年／『社会契約論／ジュネーブ草稿』(中山元訳)光文社古典新訳文庫,2008年［初版1762年］。

〔アメリカ独立と『ザ・フェデラリスト』〕

ペイン,トーマス『コモン・センス 他三篇』(小松春雄訳)岩波文庫,2005年［1776年］。

ハミルトン A.＝J. ジェイ＝J. マディソン『ザ・フェデラリスト』(斎藤眞・中野勝郎訳) 岩波文庫, 1999 年 [1788 年]。
　〔フランス革命とバーク〕
バーク, エドマンド『フランス革命の省察』(半澤孝麿訳) みすず書房, 1997 年／『フランス革命についての省察』上・下（中野好之訳）岩波文庫, 2000 年 [1790 年]。

◆ 第8章
　〔ヘーゲル〕
ヘーゲル『法の哲学』1・2（藤野渉・赤沢正敏訳）中公クラシックス, 2001 年／ヘーゲル, G. W. F『法権利の哲学——あるいは自然的法権利および国家学の基本スケッチ』（三浦和男訳）未知谷, 1991 年 [1821 年]。
ヘーゲル『精神現象学』上・下（樫山欽四郎訳）平凡社ライブラリー, 1997 年／『精神現象学』（長谷川宏訳）作品社, 1998 [1807 年]。
ヘーゲル『歴史哲学講義』上・下（長谷川宏訳）岩波文庫, 1994 年 [1837 年]。
　〔トクヴィルとミル〕
トクヴィル『アメリカのデモクラシー』全4巻（松本礼二訳）岩波文庫, 2005-08 年 [1835・40 年]。
ミル, J. S.『自由論』（塩尻公明・木村健康訳）岩波文庫, 1971 年／『自由論』（斉藤悦則訳）光文社古典新訳文庫, 2012 年 [1859 年]。
ミル, J. S.『代議制統治論』（水田洋訳）岩波文庫, 1997 年 [1861 年]。
　〔社会主義とマルクス〕
プルードン「所有とは何か」『プルードン・セレクション』（河野健二編）平凡社ライブラリー, 2009 年 [1840 年]。
マルクス『経済学・哲学草稿』（城塚登・田中吉六訳）岩波文庫, 1964 年／『経済学・哲学草稿』（長谷川宏訳）光文社古典新訳文庫, 2010 年 [1844 年]。
マルクス＝エンゲルス『共産党宣言』（大内兵衛・向坂逸郎訳）岩波文庫, 1971 年／『ドイツ・イデオロギー（抄）, 哲学の貧困, コミュニスト宣言』（マルクス・コレクションⅡ）（今村仁司・三島憲一・鈴木直・塚原史・麻生博之訳）筑摩書房, 2008 年／マルクス, カール『共産主義者宣言』（金塚貞文訳）平凡社ラブラリー, 2012 年 [1848 年]。
マルクス『資本論』全9巻（向坂逸郎訳）岩波文庫, 1969-70 年／『資本論 第一巻』上・下（マルクス・コレクション Ⅳ・Ⅴ）（今村仁司・三島憲一・鈴木直訳）, 筑摩書房, 2005 年 [1867・85・94]。

◆ 結 章
ダール, ロバート・A.『ポリアーキー』（高畠通敏・前田脩訳）三一書房, 1981 年 [1971 年]。
シュミット, C.『政治的なものの概念』（田中浩・原田武雄訳）未來社, 1970 年 [1932 年]。
アーレント, ハナ『全体主義の起源〔新装版〕』全3巻（大久保和郎・大島通義・大島

かおり訳），みすず書房，1981 年［1951 年］。
アレント，ハンナ『人間の条件』（志水速雄訳）ちくま学芸文庫，1994 年［1958 年］。
バーリン，アイザィア『自由論［新装版］』（小川晃一・小池銈・福田歓一・生松敬三訳）みすず書房，2000 年［1969 年］。
ハイエク，F. A.『隷属への道［新装版］』（ハイエク全集 I-別巻）（西山千明訳）春秋社，2008 年［1944 年］。
フーコー，ミシェル『監獄の誕生——監視と処罰』（田村俶訳）新潮社，1977 年［1975 年］。
ロールズ，ジョン『正義論 改訂版』（川本隆史・福間聡・神島裕子訳）紀伊國屋書店，2010 年［初版 1971 年。訳本の底本は 1999 年版］。
ノージック，ロバート『アナーキー・国家・ユートピア——国家の正当性とその限界』（嶋津格訳）木鐸社，1995 年［1974 年］。
ネグリ，アントニオ＝マイケル・ハート『〈帝国〉——グローバル化の世界秩序とマルチチェードの可能性』（水嶋一憲・酒井隆史・浜邦彦・吉田俊実訳）以文社，2003 年［2000 年］。

●二次文献●

◇ はじめに

スキナー，クエンティン『近代政治思想の基礎——ルネッサンス，宗教改革の時代』（門間都喜郎訳）春風社，2009 年［1978 年］。
ポーコック，J. G. A.『マキァヴェリアン・モーメント——フィレンツェの政治思想と大西洋圏の共和主義の伝統』（田中秀夫・奥田敬・森岡邦泰訳）名古屋大学出版会，2008 年［1975 年］。

◇ 第 1 章

〔古代ギリシアにおける政治と哲学〕
伊藤貞夫『古代ギリシアの歴史——ポリスの興隆と衰退』講談社学術文庫，2004 年。
フィンリー，M. I.『民主主義——古代と現代』（柴田平三郎訳）講談社学術文庫，2007 年［1973 年］。
〔プラトン〕
佐々木毅『プラトンと政治』東京大学出版会，1984 年。
藤沢令夫『プラトンの哲学』岩波新書，1998 年。
〔アリストテレス〕
岩田靖夫『アリストテレスの倫理思想』岩波書店，1985 年。
岩田靖夫『アリストテレスの政治思想』岩波書店，2010 年。

◇ 第 2 章

〔ヘレニズムとローマ〕
高田康成『キケロ——ヨーロッパの知的伝統』岩波新書，1999 年。

ブライケン，J.『ローマの共和政』（村上淳一・石井紫郎訳）山川出版社，1984 年［1975 年］。
　　〔帝政ローマ〕
青柳正規『ローマ帝国』岩波ジュニア新書，2004 年。
　　〔キリスト教の誕生〕
荒井献『イエスとその時代』岩波新書，1974 年。
　　〔アウグスティヌス〕
柴田平三郎『アウグスティヌスの政治思想――『神国論』研究序説』未來社，1985 年。

◇ 第 3 章
　　〔ヨーロッパ世界の成立〕
鷲見誠一『ヨーロッパ文化の原型――政治思想の視点より』南窓社，1998 年。
ダントレーヴ，A. P.『政治思想への中世の貢献』（友岡敏明・柴田平三郎訳）未來社，1979 年［1939 年］。
ブルンナー，オットー『ヨーロッパ――その歴史と精神』（石井紫郎・石川武・小倉欣一・成瀬治・平城照介・村上淳一・山田欣吾訳）岩波書店，1974 年［1968 年］。
ポミアン，クシシトフ『増補 ヨーロッパとは何か――分裂と統合の 1500 年』（松村剛訳）平凡社ライブラリー，2002 年［1990 年］。
堀米庸三『正統と異端――ヨーロッパ精神の底流』中公文庫，2013 年。
増田四郎『ヨーロッパとは何か』岩波新書，1967 年。
モラル，J. B.『中世の政治思想』（柴田平三郎訳）平凡社ライブラリー，2002 年［1958 年］。
　　〔トマス・アクィナス〕
稲垣良典『トマス・アクィナス』講談社学術文庫，1999 年。
稲垣良典『トマス・アクィナス『神学大全』』講談社選書メチエ，2009 年。
　　〔普遍論争〕
山内志朗『普遍論争――近代の源流としての』平凡社ライブラリー，2008 年。

◇ 第 4 章
　　〔マキアヴェリ〕
厚見恵一郎『マキアヴェッリの拡大的共和国――近代の必然性と「歴史解釈の政治学」』木鐸社，2007 年。
佐々木毅『マキアヴェッリの政治思想』岩波書店，1970 年。
スキナー，クェンティン『マキアヴェッリ――自由の哲学者』（塚田富治訳）未來社，1991 年［1981 年］。
ポーコック，J. G. A.『マキァヴェリアン・モーメント――フィレンツェの政治思想と大西洋圏の共和主義の伝統』（田中秀夫・奥田敬・森岡邦泰訳）名古屋大学出版会，2008 年［1975 年］。
　　〔宗教改革〕
有賀弘『宗教改革とドイツ政治思想』東京大学出版会，1966 年。

木部尚志『ルターの政治思想——その生成と構造』早稲田大学出版部，2000 年。
田上雅徳『初期カルヴァンの政治思想』，新教出版社，1999 年。
徳善義和『マルティン・ルター——ことばに生きた改革者』岩波新書，2012 年。
トレルチ『ルネサンスと宗教改革』（内田芳明訳）岩波文庫，1959 年 [1913 年]。
〔宗教内乱〕
佐々木毅『主権・抵抗権・寛容——ジャン・ボダンの国家哲学』岩波書店，1973 年。
清水尊大『ジャン・ボダンと危機の時代のフランス』木鐸社，1990 年。

◇ 第 5 章
〔イングランド内乱〕
大澤麦『自然権としてのプロパティ——イングランド革命における急進主義政治思想の展開』成文堂，1995 年。
Fukuda, Arihiro, *Sovereignty and the Sword: Harrington, Hobbes, and Mixed Government in the English Civil Wars*, Clarendon Press, 1997.
〔ホッブズ〕
梅田百合香『ホッブズ 政治と宗教——『リヴァイアサン』再考』名古屋大学出版会，2005 年。
川添美央子『ホッブズ 人為と自然——自由意志論争から政治思想へ』創文社，2010 年。
鈴木朝生『主権・神法・自由——ホッブズ政治思想と 17 世紀イングランド』木鐸社，1994 年。
高野清弘『トマス・ホッブズの政治思想』御茶の水書房，1990 年。
タック，リチャード『トマス・ホッブズ』（田中浩・重森臣広訳）未來社，1995 年 [1989 年]。
藤原保信『近代政治哲学の形成——ホッブズの政治哲学』早稲田大学出版部，1974 年。
〔ロック〕
加藤節『ジョン・ロックの思想世界——神と人間との間』東京大学出版会，1987 年。
中神由美子『実践としての政治，アートとしての政治——ジョン・ロック政治思想の再構成』創文社，2003 年。
マクファーソン，C. B.『所有的個人主義の政治理論』（藤野渉・将積茂・瀬沼長一郎訳）合同出版，1980 年 [1962 年]。
松下圭一『ロック「市民政府論」を読む』岩波セミナーブックス，1987 年。

◇ 第 6 章
〔モンテスキュー〕
押村高『モンテスキューの政治理論——自由の歴史的位相』早稲田大学出版部，1996 年。
川出良枝『貴族の徳，商業の精神——モンテスキューと専制批判の系譜』東京大学出版会，1996 年。

〔啓蒙思想〕

アザール，ポール『ヨーロッパ精神の危機 1680-1715』(野沢協訳) 法政大学出版局，1973 年 [1935 年]。

アザール，ポール『十八世紀ヨーロッパ思想——モンテスキューからレッシングへ』(小笠原弘親・小野紀明・川合清隆・山本周次・米原謙訳) 行人社，1987 年 [1946 年]。

カッシーラー，エルンスト『啓蒙主義の哲学』(中野好之訳) ちくま学芸文庫，2003 年 [1932 年]。

田中秀夫『共和主義と啓蒙——思想史の視野から』ミネルヴァ書房，1998 年。

〔スコットランド啓蒙〕

犬塚元『デイヴィッド・ヒュームの政治学』東京大学出版会，2004 年。

坂本達哉『ヒュームの文明社会——勤労・知識・自由』創文社，1995 年。

ホント，イシュトファン＝マイケル・イグナティエフ編『富と徳——スコットランド啓蒙における経済学の形成』(水田洋・杉山忠平監訳) 未來社，1991 年 [1983 年]。

◇ 第 7 章

〔ルソー〕

小笠原弘親『初期ルソーの政治思想』御茶の水書房，1979 年。

川合清隆『ルソーとジュネーヴ共和国——人民主権論の成立』名古屋大学出版会，2007 年。

スタロバンスキー，J.『ルソー——透明と障害〔新装版〕』(山路昭訳) みすず書房，1993 年 [1957 年]。

ドラテ，R.『ルソーとその時代の政治学』(西嶋法友訳) 九州大学出版会，1986 年 [1970 年]。

福田歓一『ルソー』岩波現代文庫，2012 年。

吉岡知哉『ジャン=ジャック・ルソー論』東京大学出版会，1988 年。

〔アメリカ独立と『フェデラリスト』〕

中野勝郎『アメリカ連邦体制の確立——ハミルトンと共和政』東京大学出版会，1993 年。

〔フランス革命とバーク〕

岸本広司『バーク政治思想の形成』御茶の水書房，1989 年。

岸本広司『バーク政治思想の展開』御茶の水書房，2000 年。

小松春雄『イギリス保守主義史研究——エドマンド・バークの思想と行動』御茶の水書房，1961 年。

◇ 第 8 章

〔ヘーゲル〕

権左武志『ヘーゲルにおける理性・国家・歴史』岩波書店，2010 年。

テイラー，チャールズ『ヘーゲルと近代社会』(渡辺義雄訳) 岩波書店，2000 年 [1979 年]。

藤原保信『ヘーゲル政治哲学講義――人倫の再興』御茶の水書房, 1982 年。
リッター, ヨアヒム『ヘーゲルとフランス革命』(出口純夫訳) 理想社, 1966 年 [1957 年]。
リーデル, M.『ヘーゲルにおける市民社会と国家』(フィロソフィア双書 13) (池田貞夫・平野英一訳) 未來社, 1985 年 [1970 年]。

〔トクヴィルとミル〕
宇野重規『デモクラシーを生きる――トクヴィルにおける政治の再発見』創文社, 1998 年。
関口正司『自由と陶冶――J. S. ミルとマス・デモクラシー』みすず書房, 1989 年。
田中治男『フランス自由主義の生成と展開――十九世紀フランスの政治思想研究』東京大学出版会, 1970 年。
堤林剣『コンスタンの思想世界――アンビヴァレンスのなかの自由・政治・完成可能性』創文社, 2009 年。
松本礼二『トクヴィル研究――家族・宗教・国家とデモクラシー』東京大学出版会, 1991 年。
山下重一『J. S. ミルの政治思想』木鐸社, 1976 年。

〔社会主義とマルクス〕
藤田勝次郎『プルードンと現代』世界書院, 1993 年。
田中拓道『貧困と共和国――社会的連帯の誕生』人文書院, 2006 年。

◇ 結 章

小野紀明『二十世紀の政治思想』岩波書店, 1996 年。
川崎修『アレント――公共性の復権』(現代思想の冒険者たち Select) 講談社, 2005 年。
川本隆史『ロールズ――正義の原理』(現代思想の冒険者たち Select) 講談社, 2005 年。

●事項索引●

◆ ア 行

アテナイ　4,5,7,9
アナルコ・サンディカリズム（無政府主義的組合主義）　190
イギリス国制　168
違憲立法審査権　163
異端　89
一神教　39,44
一般意志　140,154,173
イデア　14,17
　　善の——　14
イングランド国制　101,113,132,147
永遠　51,141
英国教会　100
エタ・ジェネロー　→三部会
エリート民主主義論　195
オイコス（家）　19
王権神授説　122
王政　14,28,66,117,133
オリエンタル・デスポティズム（東洋的専制）　132
恩寵　45,50,65,85,88

◆ カ 行

階級闘争　192
外交権　→連合権
格差原理　201
拡大する共和国　81
革命権　125
家族　175
寡頭政　14,20,28
カトリック教会　46,55
カノッサの屈辱　60

家父長権　122
神
　　——の国　37,47,87
　　愛の——　39
　　義の——　39
慣習　96,166,169
カントリ派（地方派）　119,143,144,158
寛容　89,93,106
官僚制　57,94,185
気概　13
議会（パーリアメント）　71,100,101,167
　　——主権　101
貴族　4,34,128
　　——院　102,129
　　——政　4,28,117,133,166
　　天性の——　167
ギベリン党（皇帝派）　70,77
救済　41
宮廷派　→コート派
教会　47,59,76,84,86,89,90
　　——大分裂　→シスマ
　　戦う——　88
教皇　60,69,74
　　——至上権　60,96
　　——派　→ゲルフ党
共産主義　192
行政　177
共通権力　110
共通善　37,67
恐怖　80,108
　　——政治　172,179
共和主義（リパブリカニズム）　76,118,158

223

共和政　26, 35, 77, 82, 89, 115, 131, 157
キリスト教　38, 42, 45, 59, 73, 83, 188
　　――共同体 (Respublica Chrisutiana)　57, 69
キリストの体 (corpus christi)　43
近代　54
　　――の知恵　113
近代人の自由　180
君主政　82, 115, 131, 166
経験論　121
啓蒙　135-137
　　――専制君主　137, 140
契約　39, 155
ゲルフ党（教皇派）　70, 77
原罪　41
原子論　68
権力　37, 69, 71, 79, 109, 124, 133
　　――分立　124, 133, 185
元老院　26, 29, 34, 117, 133
合意　123
公会議運動　70
皇帝派　→ギベリン党
高等法院　128
功利主義　183
国制（ポリテイア）　21
国民国家　196
個人主義　182
古代　54
　　――の知恵　113, 114
古代人－近代人論争　128, 141
古代人の自由　180
国家　2, 34, 37, 47, 48, 66, 80, 90, 111, 112, 145, 169, 174, 191, 198
　　自由な――　105
　　都市――　→ポリス
　　領域――　70
国家強盗団説　47
国家理性 (raison d'État)　81

コート派（宮廷派）　119, 143, 144
護民官　27
コモン・センス　158
コモン・ロー　58, 100
混合王政　116, 118, 133
　　――論　29, 115
コンスル　→執政官

◆ サ 行

産業革命　186
三権分立　133, 160, 162
三部会（エタ・ジェネロー）　71
自愛心　152
シヴィック・ヒューマニズム　→政治的人文主義
自己愛　15, 133
事効説　47
自己完成能力　153
自己利益　139
シスマ（教会大分裂）　69, 70, 83
自然権　109, 155, 160
自然状態　106, 109, 151
自然法 (law of nature)　25, 33, 58, 66, 110, 121, 123
自尊心　35
自治　76, 160, 183
執行権　124
実在論　68
執政官（コンスル）　26, 29, 34, 133
実践学　18
私的判断　110
自発的結社　183
司法権　133
市民　3, 82, 97, 156
　　――権　29
　　――社会　176, 191
　　――宗教　156
社会　83, 125, 128, 129, 145, 159, 169, 187
社会契約論　6, 154, 155, 185

社会主義　187
社会問題　186
奢侈　118, 143, 144
シャルトル学派　62
自由　5, 35, 49, 50, 87, 93, 105, 141, 151, 152, 174, 184, 198
　──意志　46, 48, 50
　消極的──　198
　積極的──　198
宗教改革　83, 85, 86, 89
宗教内乱　91
衆愚政　28
私有財産　13, 15
修辞学（レトリック）　33, 56, 76
自由主義（リベラリズム）　121, 184, 199
　新──　200
習俗　150
十二表法　27
自由放任主義　188
終末論　51
主権　94, 111, 130
受動的服従　42
商業　134
情念　18, 25, 146, 147, 151, 189
常備軍　57, 94, 119, 144
職業団体　177
贖宥状（免罪符）　84
叙任権闘争　59
庶民院　115, 129
所有権　67, 120, 125, 148, 179, 184
思慮　18
神義論　48
神権政治　78, 89
信仰義認説　85
人効説　46
信託　120, 125
人文主義（ヒューマニズム）　76
　政治的──（シヴィック・──）　76

進歩　141
人民協約（An Agreement of the People）　102
真理　15
人倫　174
水平派　→レヴェラーズ
スコットランド啓蒙　143, 145-147, 176
スコラ哲学　64
ストア派　25, 33, 36, 37
スパルタ　5, 9, 29, 81
正義　6, 33, 37, 147, 201
政教分離　86
制作学　18
政治（politics）　2, 4, 25, 36, 44, 67, 135, 196
政治学　17, 77, 79, 108, 113, 114, 128
政治参加　15, 24, 30, 185, 195
政治社会（civil or political society）　114, 124
政治的なるもの　197
政体論　21
政党　168
政府　125, 148, 156, 159
セクト型　101
絶対王権　94
善悪　50, 108
　──二元論　48, 49
選挙　20
僭主政　14, 28
専制政　131
戦争状態　106
全体意志　154
全体主義　194
先入見　169
千年王国論　51
ソフィスト　7, 8
ソラ・フィデ（信仰のみ）　85

事項索引　225

◆ タ 行

大学　61
代議制　159
大権（prerogative）　58
大憲章　→マグナ・カルタ
代表　72
代表制　156
多数者の暴政　180
魂への配慮　10
地方派　→カントリ派
中間団体　165
中世　54,70
長老派　101
抵抗権　59,67,90,125
帝国　2,30,70,202
　ローマ──　31
帝政　32,35,196
適法性　172
哲学　6,24,64,135,138
　道徳──　146
哲人王　14
デモクラシー（民主政）　5-7,14,20,24,28,30,35,72,117,133,167,181-183,194-196
道徳性　174
党派　26,148,163,168
東洋的専制　→オリエンタル・デスポティズム
徳　20,79,131,150,162
特殊意志　140
独立宣言　160
独立派　101
土地所有　115,143
特権（privilege）　58
トーリー　120
奴隷　4,25,43,105
　──契約　154

◆ ナ 行

ナントの勅令　95
二院制　27,117
ネオ・ハリントニアン　119,143

◆ ハ 行

バビロン捕囚　69,70
パーリアメント　→議会
万人司祭主義　86
万人の万人に対する闘争　106
比較　153
悲劇　9
　ギリシア──　6
必要悪　48
ヒューマニズム　→人文主義
ピューリタン　100
平等　43,109,152,182
福祉国家　199
不死　51
腐敗　104,119,144,158
普遍論争　68
フランス革命　164-166,169-171,172
ブルジョワ　151
文芸共和国（République des lettres）　136
文明社会　134,187
平民　4,7
ペラギウス派　45
ヘレニズム　24
弁証法　175
弁論術　11
ホイッグ　120
法　6,33,37,59,129,130,156
　──の支配　58,66,96
暴君放伐論　63
封建制　57
法治主義　58
法服貴族　128

保守主義　165, 169
ポリアーキー　195
ポリス（都市国家）　2, 24, 70, 180
　──の動物　4, 19, 65
ポリテイア　→国制
ポリティーク派　93

◆ マ　行

マグナ・カルタ（大憲章）　100
民会　3, 29, 34, 117, 133
民衆裁判　5
民主政　→デモクラシー
民主的専制　180
民兵　144
無政府主義的組合主義　→アナルコ・サンディカリズム
名誉　131
免罪符　→贖宥状
目的論　16
モナルコマキ　91

◆ ヤ　行

唯名論　68
ユグノー　91
ユダヤ教　38-42
欲望　12
予定説　88

◆ ラ　行

利益　81, 131, 145, 148, 162
利己心　153
理神論　139
理性　14, 18, 33, 65, 121, 137, 147, 164, 174
理知　13-15
立憲主義　91, 103, 133
立法権　124
立法者　156
律法主義　39
リパブリカニズム　→共和主義
リベラリズム　→自由主義
両剣論　59
良心　93, 112
理論学　17
隣人愛　40, 43, 87
ルネサンス　36, 61
　カロリング・──　56
　12世紀──　56, 61
レヴェラーズ（水平派）　102
レース・プブリカ（res publica）　13, 34, 67, 118
レトリック　→修辞学
連合規約　161
連合権（外交権）　124
憐憫の情　152
連邦制　163
労働　123, 176, 189, 192, 196
ローマ教皇　55, 96
ローマ法　35, 57, 62, 71

●人名・書名索引●

◆ ア 行

アウグスティヌス（Augustinus） 45-50,85
『神の国（*De civitate Dei*）』 46,47
『告白（*Confessiones*）』 45,46
『自由意志について（*De libero arbitrio*）』 49
アウグストゥス（Augustus） 27,35
アクィナス，トマス（Thomas Aquinas） 65-67,73,85
『神学大全（*Summa theologoae*）』 65
アブラハム（Abraham） 38
アリストテレス（Aristotelēs） 4, 16-22,29,37,43,62,64-67,80,96, 96,108,143,145
『政治学（*Politica*）』 19
『ニコマコス倫理学（*Ethica Nicomacea*）』 17
アルチュセール，ルイ（Louis Althusser） 200
アルトジウス，ヨハネス（Johannes Althusius） 163
アレクサンドロス大王（Alexandros） 16
アーレント，ハンナ（Hannah. Arendt） 4,196,197
『全体主義の起源（*The Origins of Totalitarianism*）』
『人間の条件（*The Human Condition*）』 197
アンリ 4 世（Henri IV） 93
イエス（Jesus） 39-43,60
インノケンティウス 3 世（Innocentius Ⅲ） 60
ウィクリフ，ジョン（John Wycliffe） 83
ウィリアム（オッカムの）（William of Occam） 68,69
ウィリアム 3 世（William III） 142
ヴェルギリウス（Vergilius Maro Publius） 74
ヴォルテール（Voltaire） 106, 138-140
『寛容書簡（*Traité sur la tolérance*）』 139
『哲学書簡（*Lettres philosophiques*）』 138
ウォルポール，ロバート（Robert Walpole） 143
エピクロス（Epikouros） 25
エラスムス（Desiderius Erasmus） 89
エリザベス 1 世（Elizabeth I） 100
エルヴェシウス，クロード=アドリアン（Claude Adrien Helvétius） 139, 140
エンゲルス，フリードリヒ（Friedrich Engels） 187,190
『共産党宣言（共産主義者宣言）（*Manifest der Kommunistischen Partei*）』（マルクスとの共著） 191
オーウェン，ロバート（Robert Owen） 189,190
オクタウィアヌス（Gaius Octavianus） 32
オマン，フランソワ（François Hotman） 91,92

『フランコ・ガリア（*Franco-Gallia*）』 91

◆ カ 行

カエサル，ユリウス（Caesar） 32, 114
カステリヨン（カステリョ），セバスティアン（Sébastien Castellion） 89
ガリレイ，ガリレオ（Galileo Galilei） 107
カルヴァン，ジャン（Jean Calvin） 87-90, 92, 104
　『キリスト教綱要（*Christianae religionis Institutio*）』 87
カール大帝〔シャルルマーニュ〕（Karl I ; Charlemagne） 55
カール・マルテル（Karl Martel） 55
カント，イマヌエル（Immanuel Kant） 136-138, 147, 174, 175, 177, 198
　『啓蒙とは何か（*Was ist Aufklärung?*）』 136
キケロ，マルクス・トゥッリウス（Marcus Tullius Cicero） 13, 32-36, 48, 62, 67, 80, 118, 145
　『義務について（*De officiis*）』 33
　『国家について（*De re publica*）』 32, 33
　『法律について（*De Legibus*）』 33
ギールケ，オットー（Otto Friedrich von Gierke） 163
グラックス兄弟（Tiberius Gracchus/Gaius Gracchus） 31
クリトン（Criton） 10
クレイステネス（Kleisthnēs） 5
グレゴリウス7世（Gregorius Ⅶ） 60
グロティウス，フーゴー（Hugo Grotius） 151, 155
クロムウェル，オリバー（Oliver Cromwell） 101, 103, 104, 117
ケインズ，ジョン・メイナード（J. M. Keynes） 199
ゲラシウス1世（Gelasius Ⅰ） 59
コンスタン，バンジャマン（Henri-Benjamin Constant de Rebecque） 179, 180, 198
コンドルセ（Marie Jean Antoine Nicolas de Caritat, Condorcet） 136, 141
　『人間精神進歩史（*Esquisse d'un tableau historique des progrès de l'esprit humain*）』 141

◆ サ 行

サヴォナローラ（Girolamo Savonarola） 78
サン・シモン（Claude Henri de Rouvoy Saint-Simon） 188, 189
　『新キリスト教（*Le Nouveau Christianisme*）』 188
サンデル，マイケル（Michael J. Sandel） 67, 202
ジェイ，ジョン（John Jay） 161, 162
　『ザ・フェデラリスト（*The Federalist*）』（ハミルトン，マディソンとの共著） 162, 163
ジェファソン，トマス（Thomas Jefferson） 158-160
　「独立宣言（*The Declaration of Independence*）」 158
ジェームズ2世/7世（James Ⅱ/Ⅶ） 120
シェリング，フリードリヒ（Friedrich Wilhelm Joseph von Schelling） 172
シドニー，アルジャノン（Algernon Sydney） 119
ジャクソン，アンドリュー（Andrew Jackson） 180
シャフツベリ伯（Earl of Shaftsbury ＝ Anthony Ashley Cooper） 120, 121

シャルル8世（Charles Ⅷ）　78
シュミット，カール（Carl Schmitt）　96, 196, 197
　『政治神学（*Politische Theologie*）』　96
　『政治的なものの概念（*Der Begriff des Politischen*）』　190
シュンペーター，ヨーゼフ（J. A. Schumpeter）　195
小スキピオ（Publius Corrnelius Scipio）　28
ジョージ3世（George Ⅲ）　165, 166
ジョン（ソールズベリの）（John of Salisbury）　63, 71
　『ポリクラティクス（*Policraticus*）』　63
スコトゥス，ドゥンス（Johannes Duns Scotus）　68
スチュアート，ジェームズ（James Stuart）　142
スミス，アダム（Adam Smith）　134, 142, 145-147, 199
　『諸国民の富（*An Inquiry into the Nature and Causes of the Wealth of Nations*）』　146
　『道徳感情論（*The thory of moral sentiments*）』　146
セネカ（Seneca）　36, 37
　『生の短さについて（*On the Shortness of Life*）』　37
　『心の平静について（*De tranquillitate animi*）』　37
ゼノン（Zēnōn）　25
セルヴェ，ミシェル（ミカエル・セルウェトゥス，Michel Servet）　89
ソクラテス（Sōkratēs）　8-11, 16, 22, 39
ソフォクレス（Sophoklēs）　9
　『アンティゴネ（*Antigone*）』　9
ソロン（Solōn）　4, 156

◆ タ 行

ダ・ヴィンチ，レオナルド（Leonardo da Vinci）　77
タキトゥス（Tacitus）　35, 36, 92
　『ゲルマニア（*Germania*）』　35, 92
　『同時代史（*Historiae*）』　35
　『年代記（*Annales*）』　35
ダランベール，ジャン・ル・ロン（Jean Le Rond d'Alembert）　139
タルクィニウス・スペルブス（Lucius Tarquinius Superbus）　26
ダール，ロバート（Robert A. Dahl）　195, 196
ダレイオス1世（Dareios Ⅰ）　5
ダンテ（Alighieri Dante）　73, 74
　『神曲（*Divina commedia*）』　73, 74
　『帝政論（*De monarchia*）』　73, 74
チャールズ1世（Charles Ⅰ）　100, 101, 103, 114
チャールズ2世（Charles Ⅱ）　103, 114, 119-121
ディオゲネス（Diogenēs）　24
ディドロ，ドニ（Denis Diderot）　37, 139-141, 152
　『百科全書（*Encyclopédie*）』　140, 152
テイラー，チャールズ（Charles Taylor）　202
テオドリック王（Theodoric）　56
デカルト，ルネ（René Descartes）　107, 138
トゥキュディデス（Thucydides）　107
　『戦史（*Historia*）』　6, 107
トクヴィル，アレクシ・ド（Alexis de Tocqueville）　180-184
　『アメリカのデモクラシー（*De la Démocratie en Amérique*）』　180

『旧体制と大革命 (*De l'ancien régime et al Révolution*)』 181
ドルバック (Paul-Henri Thiry Baron d'Holbach) 138

◆ ナ 行

ナポレオン (Napoléon Bonaparte) 173, 179
ナポレオン3世 (Napoléon Ⅲ) 181, 191
ニュートン, アイザック (Isaac Newton) 138
ネヴィル, ヘンリー (Henry Neville) 119
ネグリ, アントニオ (Antonio Negri) 202
『帝国 (*Empire*)』(ハートとの共著) 202
ノージック, ロバート (R. Nozick) 201
『アナーキー・国家・ユートピア (*Anarchy, State, and Utopia*)』 201
ノストラダムス (Nostradamus) 95
ノックス, ジョン (John Knox) 90

◆ ハ 行

ハイエク, フリードリヒ (F. A. von Hayek) 199, 200
ハインリヒ4世 (Heinrich Ⅳ) 60
パウロ (Paulus) 41-43, 45
パーカー, ヘンリー (Henry Parker) 101
バーカー, アーネスト (Ernest Barker) 163
バーク, エドマンド (Edmund Burke) 159, 165-170, 172
『現代の不満の原因 (*Thoughts on the present discontents*)』 166
『崇高と美の観念の起源 (*A Philo-sophical enquiry into the origine of our ideas of the sublime and beautiful*)』 166
『フランス革命の省察 (*Reflections on the Revolution in France*)』 166
パスカル, ブレーズ (Blaise Pascal) 138
ハチスン, フランシス (Francis Hutcheson) 142
ハート, マイケル (Michael Hardt) 202
『帝国 (*Empire*)』(ネグリとの共著) 202
ハミルトン, アレクサンダー (Alexander Hamilton) 161, 162
『ザ・フェデラリスト』(*The Federalist*) (ジェイ, マディソンとの共著) 162, 163
バーリン, アイザイア (Isaiah Berlin) 198
ハリントン, ジェームズ (James Har[r]ington) 113-119
『オセアナ共和国 (*The Commonwealth of Oceana*)』 113
ハンニバル (Hannibal) 28
ヒューム, デイヴィッド (David Hume) 118, 125, 142, 146-148, 150, 152, 168, 199
『イングランド史 (*The history of England*)』 147
ファーガソン, アダム (Adam Ferguson) 142
フィルマー, ロバート (Robert Filmer) 122, 123
フーコー, ミッシェル (Michel Foucault) 200
『監獄の誕生 (*Surveiller et Punir: Naissance de la Prison*)』 200
フス, ヤン (Jan Hus) 83
プーフェンドルフ, ザミュエル・フォン

(Samuel Pufendorf) 155
プラトン (Platōn) 9, 11-19, 21, 22, 48, 56, 62, 96
『国家 (Politeia)』 12
『ゴルギアス (Gorgias)』 11, 13, 15
フーリエ, シャルル (François Marie Charles Fourier) 188, 189
ブルクハルト, ヤーコプ (Jakob Burckhardt) 61
ブルートゥス (Marcus Junius Brutus) 32
プルードン, ピエール・ジョセフ (Pierre-Joseph Proudhon) 190
『所有とは何か (Qu'est-ce que la propriété)』 190
プロタゴラス (Prōtagoras) 8
フンボルト, ヴィルヘルム・フォン (Karl Wilhelm Humboldt) 184
ベイコン, フランシス (Francis Bacon) 107, 108
ペイン, トマス (Thomas Paine) 158, 159
『コモン・センス (Common Sense)』 158
『人間の権利 (Rights of man)』 159
ヘーゲル, G. W. F. (Georg Wilhelm Friedrich Hegel) 172-178, 191
『エンチクロペディー (Enzyklopädie der philosophischen Wissenschaften)』 173
『精神現象学 (Phänomenologie des Geistes)』 173, 176
『大論理学 (Wissenschaft der Logik)』 173
『哲学史講義 (Vorlesungen über die Geschichte der Philosophie)』 173
『ドイツ憲法論 (Die Verfassung Deutschlands)』 172

『法の哲学 (Grundlinien der Philosophie des Rechts)』 173
『歴史哲学講義 (Vorlesungen über die Philosophie der Geschichte)』 173
ベーズ, テオドール・ド (Théodore de Bèze) 92
『臣民に対する為政者の権利について (De jure magistratuum in subditos)』 92
ペテロ (Peter) 60
ペトラルカ (Francesco Petrarca) 33
ペリクレス (Periklēs) 5
ベンサム, ジェレミー (Bentham Jeremy) 140, 184
ヘンリー8世 (Henry Ⅷ) 100, 116
ボエティウス (Anicius Manlius Torquatus Severinus Boethius) 51, 56
『哲学の慰め (De consolation philosophiae)』 51, 56
ボダン, ジャン (Jean Bodin) 94-97, 163
『国家論 (Les Six Livres de la République)』 94
ホッブズ, トマス (Thomas Hobbes) 29, 105-113, 115, 116, 123, 125, 129, 140, 148, 151, 155
『市民論 (De cive)』 1642 107, 108, 112
『人間論 (De homine)』 108
『物体論 (De corpore)』 108
『法の原理 (Elements of Law)』 107
『リヴァイアサン (Leviathan)』 1651 107, 110-113
ホメロス (Homēros) 2
『イリアス (Ilias)』 2
『オデュッセイア (Odysseia)』 3
ポリュビオス (Polybios) 28, 29, 33,

34, 117, 118, 133
『歴史 (*Historiai*)』　28
ボルジア, チェーザレ (Cesare Borgia)　78
ホワイトヘッド (Alfred North Whitehead)　12

◆ マ 行

マキアヴェリ, ニッコロ (Nicollò di Machiavelli)　26, 27, 77-82, 95, 97, 105, 114
　『君主論 (*Il Principe*)』　79, 80, 82
　『リウィウス論 (『ディスコルシ』, *Discorsi sopra la prima deca di Tito Livio*)』　27, 78, 81, 82, 105
マタイ (Matthaios)　39
マディソン, ジェームズ (James Madison)　161, 162
　『ザ・フェデラリスト (*The Federalist*)』(ジェイ, ハミルトンとの共著)　162, 163
マリウス (Gaius Marius)　31
マルクス, カール (Karl Marx)　187, 190-192
　『共産党宣言 (共産主義者宣言) (*Manifest der Kommunistischen Partei*)』(エンゲルスとの共著)　191
　『資本論 (*Das Kapital*)』　191
　『ドイツ・イデオロギー (*Die deutsche Ideologie*)』　191
　『フランスの内乱 (*Der Bürgerkrieg in Frankreich*)』1871　191
　『ルイ・ボナパルトのブリュメール18日 (*Der achtzehnte Brumaire des Louis Bonaparte*)』　191
マルコ (Markov)　39
マルシリウス (パドゥアの) (Marsilius of Padua)　73, 74
　『平和の擁護者 (*Defensor pacis*)』73
マンデヴィル, バーナード (Bernard de Mandeville)　144, 145
　『蜂の寓話――私人の悪徳すなわち公益 (*The Fable of the Bees: or, Private Vices, Publick Benefits*)』　144
ミケランジェロ (Michelangelo /Michelagniolo Buonarroti)　77
ミシュレ, ジュール (Jules Michelet)　61
ミラー, ジョン (John Millar)　142
ミル, ジェームズ (James Mill)　183
ミル, ジョン・スチュアート (John Stuart Mill)　183-186
　『経済学原理 (*Principles of Political Economy, with some of their Applications to Social Philosophy*)』　185
　『自由論 (*On Liberty*)』　183, 184
ミルトン, ジョン (John Milton)　103-106
　『アレオパジティカ (*Areopagitica*)』　104
　『失楽園 (*Paradise Lost*)』　104
メトリ, ジュリアン・オフレ・ド・ラ (Julien Offray de La Mettrie)　138
モーセ (Mōšeh)　38, 114
モルネ, フィリップ・デュ・プレシ (Philippe du Plessis Mornay)　92
　『反暴君論 (*Vindiciae contra tyrannos*)』(ランゲとの共著)　92
モンテスキュー (Charles Louis de Secondat, Montesquieu)　26, 128-134, 147, 163
　『ペルシャ人の手紙 (*Lettres persanes*)』　128
　『法の精神 (*De l'Esprit des lois*)』　129, 130
　『ローマ人盛衰原因論 (*Considéra-*

tions sur les causes dela grandeur des Romains et de leur décadence)』 129, 130
モンテーニュ（Michel Eyquem de Montaigne） 37, 95
『エセー（*Essais*）』 95

◆ ヤ 行

ヤコブ（Jacob） 38
ユゴー，ヴィクトル（Victor Hugo） 186
『レ・ミゼラブル（*Les miserable*）』 186
ヨハネ（John） 39

◆ ラ 行

ライプニッツ（Gottfried Wilhelm Leibniz） 68
ラスキ，ハロルド（Harold Joseph Laski） 163
ランゲ，ユベール（Hubert Languet） 92
『反暴君論（*Vindiciae contra tyrannos*）』（モルネとの共著） 92
リウィウス，ティトゥス（Titus Livius） 26-28, 105
『ローマ建国史（*Ab urbe condita*）』 26
リュクルゴス（Lykourgos） 156
ルカ（Luke） 39
ルソー，ジャン=ジャック（Jean-Jacques Rousseau） 136, 141, 147, 150-157, 165, 173, 174, 176, 179, 180
『学問芸術論（*Discours sur les science et les arts*）』 136, 150, 152
『告白（*Les Confessions*）』 152
『社会契約論（*Du Contrat social*）』 154
『人間不平等起源論（*Discours sur l'origine et les fondements de l'inégalité parmi les hommes*）』 151
ルター，マルティン（Martin Luther） 46, 83-89
『キリスト者の自由（*Von der freiheit eines Christenmenschen*）』 87
ロック，ジョン（John Locke） 106, 121-126, 129, 132, 138-140, 148, 151, 158, 185
『教育論（*Some thoughts concerning education*）』 121
『人間知性論（*An Essay concerning Human Understanding*）』 121
『統治二論（*Two Treatises of Government*）』 120, 122
ロピタル，ミシェル・ド（Michel de l'Hospital） 93
ロムルス（Romulus） 26
ロールズ，ジョン（John Rawls） 201

◆ ワ 行

ワシントン，ジョージ（George Washington） 161
ワーズワース，ウィリアム（William Wordsworth） 184

〈著者紹介〉

宇野 重規（うの しげき）

1967年，東京都生まれ。
1996年，東京大学大学院法学政治学研究科博士課程修了，博士（法学）。
現　在，東京大学社会科学研究所教授。
専門は，政治思想史，政治哲学。
主な著書に，『デモクラシーを生きる』（創文社，1998年），『政治哲学へ』（東京大学出版会，2004年，渋沢・クローデル賞ルイ・ヴィトン・ジャパン特別賞受賞），『トクヴィル　平等と不平等の理論家』（講談社選書メチエ，2007年，サントリー学芸賞受賞），『〈私〉時代のデモクラシー』（岩波新書，2010年），『民主主義のつくり方』（筑摩選書，2013年），『政治哲学的考察』（岩波書店，2016年），『保守主義とは何か』（中公新書，2016年），ほか。

せいようせいじしそうし
西洋政治思想史
A History of Western Political Thought　　有斐閣アルマ ARMA

2013年10月20日　初版第1刷発行
2025年8月30日　初版第16刷発行

著　者　　宇　野　重　規

発行者　　江　草　貞　治

発行所　　株式会社　有　斐　閣
　　　　　郵便番号 101-0051
　　　　　東京都千代田区神田神保町2-17
　　　　　https://www.yuhikaku.co.jp/

印刷・精文堂印刷株式会社／製本・大口製本印刷株式会社
© 2013, Shigeki Uno. Printed in Japan
落丁・乱丁本はお取替えいたします。
★定価はカバーに表示してあります。

ISBN 978-4-641-22001-0

JCOPY　本書の無断複写（コピー）は，著作権法上での例外を除き，禁じられています。複写される場合は，そのつど事前に（一社）出版者著作権管理機構（電話03-5244-5088，FAX03-5244-5089, e-mail:info@jcopy.or.jp）の許諾を得てください。